EDITORIAL RM

México MMII

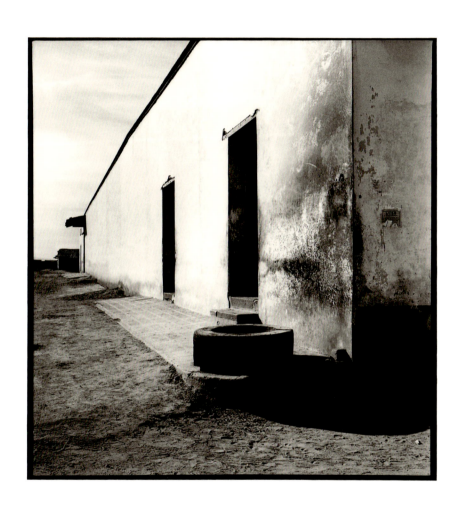

JUAN RULFO
LETRAS e IMÁGENES

Introducción
Víctor Jiménez

Índice

17   Juan Rulfo: literatura, fotografía e historia
Víctor Jiménez

29   Letras
Juan Rulfo

Lolotla (Ex-convento)	30
Yolotepec	31
Tepetlaoztoc	31
Tula	32
Tutotepec	34
Ixcuincuitlapilco	34
Tilcuautla	34
Atlatlahucan	35
Tlayacapan	36
Villanueva	37
Susticacán	37
Milpa Alta	
San Pedro Atocpan	
San Pablo Ostotepec	38
Metztitlán. Lugar junto a la Luna	41
Castillo de Teayo	47

57   Imágenes

172   Lista de fotografías

Juan Rulfo: literatura, fotografía e historia

Víctor Jiménez

> *Non delle forme di tutto ciò intendevano parlare,*
> *ma di quanto esse nascondo.*
> Manfredo Tafuri y Francesco dal Co
> *Architettura contemporanea,* 1976

En la vida de Juan Rulfo, según algunos testimonios directos, aparecieron muy pronto tanto la fotografía como la literatura. Es posible por ello que no contemplase la escritura como la única forma de expresión artística que cultivaría. En la década de 1940, por ejemplo, publica por primera vez, en la revista *América*, tanto algunas de sus narraciones (de 1945 a 1951) como una colección de sus fotografías (en 1949). Pero su inmediato reconocimiento como escritor de primer nivel —al aparecer los relatos de *El Llano en llamas* (1953) y la novela *Pedro Páramo* (1955)— pudo inhibir a Rulfo de continuar con la divulgación de su trabajo como fotógrafo, lo que sólo retomó en 1980, con el libro *Homenaje Nacional*. Es necesario considerar igualmente que, en forma paralela a la literatura y la fotografía, se involucró en una tercera actividad intelectual íntimamente vinculada, en él, a aquellas: la historiografía. Es decir, que Juan Rulfo, durante un período que se inicia en la década de 1930 para llegar a los primeros años de la de 1950, fue a un tiempo escritor, fotógrafo e historiador en ciernes, y se puede advertir la huella de cualquiera de estas vocaciones suyas en las otras dos, con independencia de que alguna de ellas fuese conocida antes o después por el gran público. En cuanto a la historia, Rulfo llegó a dar indicios abundantes de su familiaridad con la misma, pero sólo ahora, de manera póstuma, gracias a sus manuscritos, podemos apreciar de manera más completa este ángulo de su vida intelectual.

La vinculación entre su fotografía y el conocimiento de la historia de México que tenía Rulfo se hizo evidente para mí hacia 1970, al hacer el proyecto de su casa de campo. Me mostró muchos de sus negativos y me encargué de hacer impresiones de los mismos. Conversando sobre estas fotos me di cuenta de que Rulfo había leído a la mayoría de los cronistas e historiadores de nuestro país, incluyendo los más especializados, como los arqueólogos e historiadores del arte y la arquitectura. Me enteré de que tuvo en otra época la idea de colaborar en una guía de lugares de interés arquitectónico en México. Visité con él algunos pueblos y edificios de la zona del Popocatépetl y lo escuché durante largas horas hablar de numerosos pueblos, comarcas y construcciones, como un conocedor consumado. Había algo peculiar en Rulfo: podía pasar, al tocar un edificio o población, a la mención de cosas vinculadas a su historia de una manera que era entonces para mí poco común, y que sólo muchos años después encontré expresada en la frase final del libro dedicado por Tafuri y Dal Co a la arquitectura contemporánea: que no sólo de las formas de «todo eso» (la arquitectura) se debe intentar hablar, sino de aquello que éstas ocultan. Conversando sobre un convento, por ejemplo, Rulfo podía decir que los frailes habían poseído grandes haciendas, viéndose obligados a hacer obras importantes de conducción de agua, lo que les había ganado la enemistad de los nativos forzados a trabajar en ello. Un día me preguntó, después de hablar de los conventos de la ciudad de México, si me había puesto a pensar en que ésta había sido una verdadera ciudad conventual, y luego me pidió que tratara de imaginar todo lo que se necesitaba para alimentar a tanta gente. También me dijo algo inesperado cuando regresé del primer viaje que hice a San Cristóbal de Las Casas, hacia 1971: «Don Juan —comencé— , acabo de estar en San Cristóbal. Es una ciudad preciosa...» Su inmediato comentario se encontraba en el polo opuesto de mi fácil entusiasmo de arquitecto seducido por el pintoresquismo. Con cara adusta, moviendo apenas los labios, Rulfo susurró: «San Cristóbal es un lugar horrible». Creo que no pude siquiera preguntarle por qué decía eso cuando él ya agregaba: «Es la ciudad de los coletos». Luego me explicó quiénes eran los criollos de San Cristóbal.

Alguna vez, al elogiar yo su biblioteca (que alcanza los diez mil volúmenes), me respondió que no era tan rica como él hubiese deseado: «una buena biblioteca es una biblioteca de historia; yo sólo tengo literatura», dijo, aunque puedo afirmar que no es nada desdeñable en materia de historia. Con el tiempo advertí que tenía una visión muy precisa de nuestro pasado: decía que la historia de México era muy sangrienta y que debía verse sin ninguna complacencia. Rulfo consideraba al siglo XVI como una especie de pecado original de la nación mexicana, aún no redimido. Hacía énfasis en la crueldad con que habían actuado los españoles entonces, pero no como un hecho muerto, sino como algo que tenía mucho que ver con nuestros problemas posteriores como nación: allí se iniciaba, para Rulfo, el desprecio hacia la vida y la dignidad de los demás —sobre todo los más débiles— de que hacen gala los poderosos de este país... Poco después de la matanza de Tlatelolco, de 1968, en alguna conversación en las cercanías de su casa, se refirió a esta continuidad entre las masacres de los conquistadores y las de los posteriores gobernantes mexicanos: estaba convencido de que nuestra falta de conciencia sobre ese pasado sangriento inaugurado en el siglo XVI nos hacía pagar el precio de nuevos asesinatos, en una especie de eterno retorno que sólo podría romperse cuando nos atreviésemos a ver de frente, sin autoengaño, nuestra historia.

Si un historiador hubiese entrevistado a Rulfo seguramente se habría encontrado con un ángulo de su vida intelectual que finalmente quedó en la penumbra para la mayoría de sus estudiosos. Rulfo hizo más que sugerencias al respecto, incluso en entrevistas que no tenían como primera intención llegar al tema. Así, por ejemplo, al responder —por escrito— algunas preguntas de Joseph Sommers sobre *Pedro Páramo*, Rulfo abordaba la falta de fe religiosa de sus personajes como algo cuyos orígenes se remontaban a un momento muy anterior al de la historia de la novela:

«J. S. Cambiando un poco el enfoque de esta conversación, ¿diría usted que *Pedro Páramo* es novela de negación?

»J. R. No, en lo absoluto. Simplemente se niegan algunos valores que tradicionalmente se han considerado válidos. [...] Por ejemplo, en la cuestión de la creencia, de la fe. Yo fui criado en un ambiente de fe, pero sé que la fe allí ha sido trastocada a tal grado que aparentemente se niega que estos hombres crean, que tengan fe en algo. [...] Su fe ha sido destruida. Ellos creyeron alguna vez en algo, los personajes de *Pedro Páramo*, aunque siguen siendo creyentes, en realidad su fe está deshabitada. [...] Así, en estos casos la fe fanática produce precisamente la antifé, la negación de la fe. [...] Yo procedo de una región en donde se produjo más que una revolución —la Revolución Mexicana, la conocida—, en donde se produjo asimismo la revolución cristera. En ésta los hombres combatieron [...] sin tener fe en la causa que estaban peleando. Creían combatir por su fe, por una causa santa, pero en realidad, si se mirara con cuidado cuál era la base de su lucha, se encontraría uno que esos hombres eran los más carentes de cristianismo.

»J. S. Puesto que ya se refirió a su región (Jalisco), ¿no quiere elaborar un poco la personalidad histórica de esa zona?

»J. R. Sí, porque hay que entender la historia para entender este fanatismo de que hemos venido hablando. Yo soy de una zona donde la conquista española fue demasiado ruda. Los conquistadores ahí no dejaron ser viviente. Entraron a saco, destruyeron la población indígena, y se establecieron. Toda la región fue colonizada nuevamente por agricultores españoles. Pero el hecho de haber exterminado a la población indígena les trajo una característica muy especial, esa actitud criolla que hasta cierto punto es reaccionaria, conservadora de sus intereses creados. Son intereses que ellos consideraban inalienables. Era lo que ellos cobraban por haber participado en la conquista y en la población de la región...»

La aproximación de Juan Rulfo a ciertos períodos de la historia de México, sin excluir la de su arquitectura, permite imaginar al historiador que pudo ser: uno muy crítico, sin duda. No pocas de las inquietantes resonancias de su obra literaria y fotográfica tienen que ver con esto: véase, en el texto y las fotografías sobre Castillo de Teayo aquí incluídos, el tema de la «fe destruida». Rulfo, en fin, sentía por ciertos historiadores, geógrafos y arqueólogos un respeto muy superior al que le inspiraban sus colegas escritores, y era evidente, al escucharlo hablar de la historia de México, que ésta era para él una vocación a la que no había renunciado del todo.

La primera vez que fui con Rulfo a Chimalhuacán Chalco, donde construí su casa de campo, me sorprendió lo que sabía de la historia del lugar. Por ejemplo, que el poblado actual era sólo una pequeña parte del que había sido en el siglo XVI: me mostró la puerta del atrio (una fotografía de la misma se publica en estas páginas), que ahora ve hacia el campo y que originalmente daba hacia el centro de la población desaparecida. El pueblo que veíamos en ese momento era sólo un barrio del original. Le pregunté qué había pasado con aquella gente, y me respondió que los españoles se habían llevado a todos los hombres a la conquista de Jalisco, en el siglo XVI, y ya nunca volvieron. Allá murieron o se quedaron, y las mujeres del pueblo abandonado se fueron muriendo. Así pasó con muchísimos pueblos de México en aquella época, agregó Rulfo. Numerosas poblaciones desaparecieron por completo. «La conquista fue algo muy cruel» —terminó (esta conversación debió ocurrir en 1971, creo, y sería anterior a la entrevista de Sommers, que se publicó en 1973). En 1983, durante una conferencia, Rulfo volvió sobre Chimalhuacán: dijo que había tenido 20,000 habitantes antes de despoblarlo los españoles, y «ahora tiene 600».

Las fotos de Rulfo cubren, en materia de arquitectura, desde las pirámides hasta los rascacielos del Paseo de la Reforma hacia 1950. Algunas remiten muy poderosamente al mundo creado por él en su literatura, y es evidente también, en un número importante

de las mismas, la intención de sugerir la realidad histórica asociada a esa arquitectura. Igualmente se puede advertir que Rulfo tenía una mirada entrenada para buscar lo significativo y no lo accesorio de los edificios: que estaba familiarizado, en suma, con los libros de historia de la arquitectura y sus imágenes. No hay en la fotografía de arquitectura de Rulfo sólo una intención «artística», sino la aproximación del conocedor.

A mediados de 1996 leí por primera vez los textos que Rulfo escribió sobre la arquitectura de México, así como otros dedicados a la historia y la geografía de nuestro país. Pude revisar libretas, cuadernos y hojas sueltas que abordan estos temas con una extensión considerable. En aquellos mismos papeles aparecen de pronto, al voltear una página, los nombres de numerosos escritores, encabezando listas exhaustivas con los títulos de sus obras. También se encuentran allí anotaciones sobre estos autores, o la transcripción de capítulos de alguna novela de los mismos. Y más textos sobre arquitectura. Luego, copiado a mano, un largo poema. Incluso, aquí y allá, entre una cosa y otra, relaciones de músicos y sus composiciones: el Rulfo melómano también tenía espíritu sistemático.

Mientras contemplaba estos papeles por primera vez no dejaba de pensar en su interés por la arquitectura, que recordaba bien, pero lo que podía ver en ese momento excedía con mucho lo que hubiese llegado a imaginar jamás. Supuse primero que Rulfo había realizado aquello para alguna publicación dirigida a los viajeros, como la guía de que habló una vez. Esta última posibilidad no debe descartarse por completo, y la revisión del conjunto de todos los materiales así parece confirmarlo. Sin embargo, son muy numerosos los textos que no tendrían lugar en una publicación de este tipo. También es posible que tal empleo sólo fuese una etapa intermedia de un proyecto de otra índole, muy ambicioso, que quedó interrumpido ante el cambio que experimentó la vida de Rulfo al consagrarse como creador literario. No puede tampoco ignorarse, por último, la posibilidad de que muchos de los textos relacionados con la historia de México y su arquitectura que Rulfo reunió estén en sus libretas y papeles con el mismo título que los pasajes de novelas o poemas que reprodujo: pertenecen al cuaderno de notas de un escritor.

Rulfo realizó unas 400 monografías de edificios y zonas arqueológicas —sin mencionar las dedicadas a poblaciones, parajes, regiones y otros sitios geográficos—, que van desde una nota mínima de cinco o seis líneas hasta las que cubren cuatro o cinco páginas tamaño media carta, llenas de una letra menuda, a mano o a máquina. Unas 40 tienen entre una y cuatro páginas de extensión; otras tantas cubren entre media página y una entera y el resto está por debajo de la media página. También hay mapas dibujados a mano por Rulfo, listas de edificios y poblaciones...

La mayor parte de estos textos —como es usual en este campo— reproduce, con variaciones de distinta importancia, los que se encuentran en distintas obras de referencia dedicadas a la historia de la arquitectura mexicana. Se trata de publicaciones especializadas, y su simple lectura ya exige una dedicación respetable. En primer lugar debe mencionarse el *Catálogo de construcciones religiosas del estado de Hidalgo*, obra en dos gruesos volúmenes (de casi 800 páginas cada uno), de gran formato, publicados en 1940 y 1942. Este *Catálogo*, hecho por la Secretaría de Hacienda, tiene un valor notable, y de ello da un indicio que haya sido coordinado por Justino Fernández, con el apoyo de arquitectos como Federico Mariscal, Vicente Mendiola y José Gorbea e historiadores del arte como Manuel Toussaint y José Rojas Garcidueñas. Además de la investigación de campo, muy minuciosa, con fotografías y dibujos (estos últimos de gran calidad en muchos casos: entre otros, colaboró aquí Juan O'Gorman), un grupo de informantes se dedicó a rastrear la información histórica de comarcas, órdenes religiosas y acontecimientos políticos, así como a redactar descripciones muy profesionales de los distintos edificios. Algunos de los textos están fechados en 1929: la elaboración de la publicación tomó algo más de una década. Los dedicados a los edificios de mayor importancia ocupan en ocasiones algunas decenas de páginas; los menos relevantes alcanzan a veces media página. Los más destacados tienen mucho mayor apoyo documental; los pequeños dependen casi por completo del texto de los informantes.

Una observación es aquí indispensable: el *Catálogo* valora las construcciones de mayor relieve, pero no está elaborado sólo con los criterios de la historia de la arquitectura y el arte, ya que se ocupa de *todas* las construcciones religiosas de Hidalgo, sin importar su tamaño, antigüedad, valor arquitectónico o estado físico. El objetivo del *Catálogo* era reunir la mayor información posible sobre unos inmuebles cuyo propietario era el gobierno federal. Al lado de conventos cuya relevancia es evidente hay pequeños templos y aún cobertizos sin ninguna importancia, cuya falta de interés también se hace constar. Igualmente fueron incluidas construcciones abandonadas o en ruinas. El total de edificaciones que recogió el *Catálogo* es de 800, exactamente; Rulfo reelaboró los textos de unas 100, pero de ninguna manera debe pensarse que se ocupó sólo de las más destacadas artísticamente hablando. Muchas de las monografías que llamaron su atención comienzan diciendo que se trata de un templo carente de todo interés. Y no es difícil

LETRAS
Juan Rulfo

Lolotla (Ex-convento)

Se halla situada en el kilómetro 157 de la carretera Pachuca-Huejutla, a 1580 metros de altura.

Etimología: «lugar de muchos diablos o gente perversa», Lolotique. Tuvo su origen con una amalgama de chichimecas con hordas salvajes. Todos los cronistas antiguos coinciden en que es un pueblo indolente y pervertido. «Sus habitantes son desconfiados e inciviles, no sólo con sus superiores, sino con toda clase de personas; son borrachos y egoístas, pendencieros y caprichudos, no sólo consigo mismos, sino con los pueblos vecinos. Las tierras son extensas y feraces (las que poseen); sin embargo, siempre están peleando por la posesión de otras. Ésta es la causa que ha producido la triste decadencia en que se encuentran».

La iglesia: fue edificada por fray Antonio de Roa en 1538, *la cual ha sido varias veces destruida por incendios intencionales.* Es el edificio principal del pueblo, pero se halla en ruinas: su techo abierto, paredes ennegrecidas, ventanas cubiertas con petates, altares e imágenes muy antiguos, deteriorados; las campanas rajadas y faltas de sonoridad, los entarimados podridos por la lluvia. Tal es el aspecto desconsolador que ofrecen esta iglesia y este pueblo...

La torre, así como lo que fuera el convento, están en ruinas.

El *Catálogo* ofrece dos etimologías para el nombre del pueblo; Rulfo descarta la que dice «lugar de cantos rodados» y se detiene en la otra, que aquí aparece y debió divertirle. Hace una versión muy concisa del texto del *Catálogo*, incluyendo la cita de un cura del siglo XIX, Cecilio Ramírez, cuya prosa simplifica. No sorprende la mala opinión del cura sobre los habitantes de Lolotla, que han quemado a propósito el templo, de manera repetida además (lo que sólo Rulfo menciona). Ramírez no logra ocultar, sin embargo, que la gente de Lolotla actúa en defensa de sus tierras, con el clero quizás en contra. Debió atraer a Rulfo la descripción misma de la iglesia semidestruida y la causa de su ruina, ya que este edificio carece de importancia. Con el texto dedicado al templo y convento de Metztitlán, en la parte final del libro, no estamos muy lejos de la iglesia de *Luvina*, único edificio del que existiría una «descripción» en la obra literaria de Rulfo.

Yolotepec

Situado sobre la carretera México-Laredo, en el kilómetro 139.

Etimología: «cerro del corazón».

Su iglesia, aunque no es de primera importancia, presenta un aspecto interesante por las almenas del atrio y el ábside sostenido por contrafuertes escalonados que le dan un aspecto de fortaleza militar. Es de una nave, construida de mampostería y tezontle con cubierta de bóveda. Anexa tiene la capilla de la Soledad, de la misma época que el templo. *Presenta un aspecto triste y original en lo árido de la región en que se encuentra. El pueblo de Yolotepec es de muy pobres recursos.*

Se trata de un texto considerablemente reducido. Yolotepec es buen ejemplo de la constante atención que presta Rulfo a las iglesias de carácter militar, por una parte, y a los lugares desolados. El *Catálogo* no hace la menor alusión a la tristeza del templo (que Rulfo encuentra «original»), la aridez de la región o la pobreza del pueblo. Acompañan a la monografía, en el *Catálogo*, dos excelentes dibujos.

Tepetlaoztoc

(Los indios de este lugar levantaron las casas que en México construyó su feroz encomendero Gonzalo de Salazar, hacia 1550.)

De mediados del siglo XVI data seguramente el retrato de fray Domingo de Betanzos que se conserva en su eremitorio anexo al convento dominicano. Quizá fue copiado de una pintura mural realizada en tiempos que aún vivía el fraile; pero los caracteres pictóricos son los mismos de primitivismo e ingenuidad.

En este monasterio subsisten dentro del claustro grandes discos con escenas de la pasión. El claustro, con arcos de medio punto en la planta baja y con platabandas de madera en lo alto. La fachada está reformada.

El primer párrafo, entre paréntesis, así como la telegráfica mención del claustro y la fachada del edificio, son lo único que no procede de Toussaint (*Arte colonial en México*, donde este autor es muy sintético; Toussaint se ocupa igualmente de Tepetlaoztoc, con mayor extensión, en el número 10 de *Mapa*. Rulfo conoció esta versión, evadiéndola. Es posible advertir por qué lo hizo: es buen ejemplo de la prosa más afectada de este historiador del arte colonial).

Tula

Pueblo, cabecera de municipio. Situado a 57 kilómetros de Actopan por carretera pavimentada, a 2066 metros de altura.

Etimología: «lugar de tules o espadañas».

Es la antigua Tollan de los toltecas, una de las ciudades más antiguas y poderosas de los tiempos precortesianos (ver Arqueología).

Convento: iglesia construida por fray Juan Antonio de San Juan en 1553. Don José María Ruiz de Velasco hace en 1863 la siguiente descripción del convento de Tula: «Estuvo ocupado por los religiosos franciscanos, el cual, como la mayor parte que hay de esta orden en nuestro país, está construído con la arquitectura propia para servir de fortaleza y manifiesta por lo tanto el aspecto de un castillo. Se puso el mayor cuidado en cubrir sus flancos con torres y garitas para doblar las líneas de defensa y para hacerlo de una dureza cuanto se puede hacer con la mampostería. Su longitud es de 60 varas castellanas, su latitud de 15 y su altura de 30, siendo el espesor de las paredes de dos y media varas, el cual es el mismo desde lo alto a abajo. Por la parte de fuera están cubiertas con un revestimiento de cantería cortada en cuadrilongos, perfectamente labrados y pulidos. Las hiladas de cal son muy delgadas y se mantienen intactas después de más de tres siglos que llevan de puestas. El interior del templo posee buenas pinturas trabajadas en sus altares por los mejores artistas mexicanos de aquel tiempo. Anexo al templo se halla el claustro, que se encuentra casi arruinado y lo poco que se mantiene en pie consta de un pequeño patio rodeado de un portalito bajo y otro encima de él, sumamente estrechos y que son como el corazón de un laberinto de celdas, de pasadizos y de escaleras, todo tan angosto, tan compli-

cado y tan oscuro que en muchas partes es necesario andar a tientas.

«El atrio es obra tan célebre como la iglesia, pues el muro tiene 800 varas de largo», *con barda almenada*.

La fachada principal, que ve al poniente, es de muros lisos reforzados por contrafuertes diagonales, estando el del norte rematado por un garitón. Es de dos cuerpos. El primero contiene la portada. El segundo remata en una espadaña triangular que se une al tercer cuerpo de la torre, dando al conjunto un aspecto de sólido almenar de perfecta unidad.

La nave: dividida en cuatro tramos con cubiertas de nervadura ojival y que a partir del coro van complicando su tracería hasta llegar a la de rosa. Los altares, tanto el mayor como los laterales, son modernos y sin interés *ninguno*. Al lado sur queda el pórtico de tres arcos de medio punto, cuyas arquivoltas se embeben en salmer y se apoyan en pequeñas columnas que en sus bases ostentan la característica garra.

Claustro: las columnas de la arquería baja no tienen capiteles, por lo que la arquivolta se embebe en los fustes de las mismas. En la planta alta los corredores tienen arcos de medio punto soportados por pequeños pilares con capiteles. Las puertas y ventanas de los anexos son ojivales y algunas con dobles arcos de trazo diferente.

La capilla del Sagrario, en su lado norte, fue edificada en 1750 y es un ejemplar del estilo barroco.

Cuenta también con la del Calvario, sin interés alguno.

Puesto que el *Catálogo* no lo dice, Rulfo inicia su versión precisando el origen mesoamericano de Tula. En cambio, el *Catálogo* inicia con una larga historia colonial y religiosa, que se demora en una interminable secuencia de frailes (alguno a punto de morir a manos de los nativos de Tula que aún defendían su antigua religión), sin olvidar extensas citas de cronistas religiosos. De todo lo anterior Rulfo no recoge una sola palabra, excepción hecha de la breve mención de la fecha de la construcción y el autor de la misma, así como la cita del cura Ruiz de Velasco, quien se extiende con franqueza sobre la naturaleza militar de los edificios religiosos de la época colonial (al parecer, a partir de los historiadores Iberri y García Cubas, como sugiere el *Catálogo*). Además de esta descripción, Rulfo se detiene en la del laberinto de ruinas del antiguo claustro. En la descripción que hace Ruiz de Velasco del atrio Rulfo adelanta la observación sobre su barda almenada, omitiendo otros datos sobre el mismo. Siguiendo su costumbre, Rulfo excluye la descripción del interior del templo —excepto las bóvedas nervadas— y las capillas. El texto dedicado a la arquitectura queda muy resumido, y el párrafo de Ruiz de Velasco, poco relevante en el *Catálogo*, adquiere en la versión de Rulfo una importancia mucho mayor.

Tutotepec

Pueblo, cabecera de municipio. Situado a 17 kilómetros de Tenango de Doria, a 960 metros de altura.

Etimología: «cerro de pájaros».

La primitiva iglesia estuvo en Tutotepec, hoy pueblo en decadencia, donde fue establecido un convento en 1542, que se incendió en 1852, quedando abandonado desde entonces. «Sus añosas ruinas presentan el aspecto de esqueletos mutilados». (En sus tiempos llegó a considerarse uno de los mejores conventos de esta región.) *Es interesante su portada, estilo plateresco, así como sus contrafuertes.*

El texto del *Catálogo* se extiende sobre la historia colonial y religiosa del lugar: como acostumbra, Rulfo prescinde de todo esto. La comparación de las ruinas del convento con «esqueletos mutilados» es casi imperceptible en el *Catálogo*, pero Rulfo no podía pasarla por alto.

Ixcuincuitlapilco

Etimología: «en el rabo del perro». Se halla situado a cuatro kilómetros de la carretera Tecamatl-Tula.

Fue el primer pueblo que se fundó en el hoy distrito de Actopan. *La iglesia de San Mateo, de una nave, carece de interés.*

En los alrededores de la población se encuentran algunas ruinas.

El *Catálogo* considera valioso este convento. Rulfo reduce mucho un original extenso y niega interés al templo. El *Catálogo* menciona un buen retablo, que Rulfo omite, y no habla de las ruinas, que serían la única razón que habría tenido Rulfo para mencionar este sitio.

Tilcuautla

Su iglesia, reconstruida en 1800, está construida de mampostería, cubierta con bóveda de cañón y muros almenados. Portada estilo barroco del siglo XVII, con dintel octogonal rematado por un nicho y una cruz. Torre de un solo cuerpo. *El conjunto es interesante por el abandono en que se encuentra.*

No es éste un templo notable; su descripción en el *Catálogo* y en la versión de Rulfo es muy breve. Pero donde el *Catálogo* dice: «Condiciones materiales: buen estado», Rulfo habla de su abandono, que encuentra interesante.

Atlatlahucan

Construido por los agustinos en 1570. Los elementos arquitectónicos de la época permanecen inalterables. Las almenas, componente indispensable de todo convento-fortaleza de los primeros años de la conquista, coronan los muros, rodeando en un alarde de excesiva defensa hasta el claustro. La capilla abierta conserva aún en la bóveda restos de decoración mural. La portería del convento es también interesante, así como las posas en los ángulos del atrio, que hoy se encuentra sembrado de ciruelos y dátiles. Estas posas muestran una extraña peculiaridad: su bóveda, semejante a rudimentaria cúpula —en México las cúpulas aparecen hasta el siglo XVII—, coronada por un remate cilíndrico a manera de linternilla.

La severidad de la fachada está acentuada por la pátina que la cubre, dándole un aire de siglos. En lo alto, cuatro espadañas simétricamente colocadas, dos a cada lado, sirven de reducto a sus respectivas esquilas.

Claustro: la bóveda de los corredores tiene un artesonado mudéjar pintado. Esta original manera de resolver la ornamentación, ya que los pilares hechos de mampuesto carecen de labrado, se presenta en otros conventos de la región, como en el de Oaxtepec y Totolapan, vecinos de Atlatlahucan.

A poca distancia de la vieja construcción agustiniana se levanta una extraña capilla con almenas que guarda la incógnita de su función.

Atlatlahucan se halla situado a 2 kilómetros de la carretera México-Cuautla, a la altura del kilómetro 88.

Clima: cálido.

Incluimos en esta selección dos lugares del estado de Morelos. No hemos identificado el texto del que Rulfo habría partido para su versión. Puede ser útil mencionar, sin embargo, que en un número de *Mapa* de 1943 aparece un artículo de Francisco Hernández Serrano sobre Atlatlahucan, más interpretativo que informativo (con intenciones que podrían calificarse de literarias), que Rulfo no utilizó en parte alguna.

Tlayacapan

Se halla situado 7 kilómetros al noroeste de Oaxtepec. *También tiene comunicación con el camino que se separa en el kilómetro 88 (Atlatlahucan) de la carretera México-Cuautla y que pasa por Totolapan.*

Se encuentra la población en el centro de la fantástica serranía de Tepoztlán, con extrañas figuras de cerros, entre los que se destacan, frente a Tlayacapan, el del Sombrerito, Zoapapalotl, Coatzin y Tepozoc. Entre Tlayacapan y Oaxtepec, a mitad del camino, se interpone la profunda barranca de Cuauhatlaco, de tajos imponentes y abundante cascada que en la época de lluvias vierte un enorme caudal.

Convento: en el centro del pueblo se levanta la muralla almenada que encierra el viejo convento agustino del siglo XVI. La fachada del templo, rematada por enorme espadaña de cinco arcos, fue reconstruida en 1896 en algunas de sus partes. *Su aspecto general es de iglesia-fortaleza con gruesos y elevados contrafuertes. Es de una nave, cubierta con bóvedas de cañón.*

El claustro está labrado de mampuesto, completamente liso. Tiene gruesos pilares y en la planta baja conserva sobre el podio columnas adosadas. En la alta sus arcos carecen de molduras. Sus corredores están decorados con pinturas al fresco, desgraciadamente cubiertas por espesas capas de cal. Las celdas y otros compartimentos presentan un aspecto *de la más desoladora destrucción, y la obra ruinosa de los años deja ver sus huellas en este enorme conjunto almenado.*

Son notables en la huerta del convento los aljibes para el almacenamiento del agua llovediza; sus bóvedas presentan decoraciones sencillas *también al fresco.* Son interesantes los brocales de estos aljibes por el estilo peculiar en que están construidos.

Parte Rulfo de un artículo publicado por Víctor Manuel Martínez en el número 10 de *Mapa*. Aquí hace Rulfo una versión notablemente libre del texto que emplea, llevando a cabo una redacción muy diferente en la mayoría de los párrafos (un caso extremo es «de la más desoladora destrucción», tan distante del texto de Martínez que puede considerarse una frase nueva), incorporando una parte que se debe a su mano por entero. Como es común en él, elimina Rulfo toda la historia colonial del sitio.

Los siguientes ejemplos proceden, los dos primeros, de Zacatecas; después viene el Distrito Federal con tres pueblos agrupados en un solo texto.

Villanueva

Ciudad, cabecera de municipio. Fue fundada en 1692 por colonos de Nueva Galicia, denominándose Villa Gutiérrez del Águila.

A 16 kilómetros al norte de Villanueva se encuentra el cerro de «Los Edificios» (a 42 kilómetros al suroeste de Zacatecas), donde se hallan las ruinas de Chicomoztoc, vestigios de lo que fue una poderosa ciudad.

Cuenta Villanueva con buenos edificios, dos iglesias y las antiguas casas consistoriales, hoy Palacio Municipal.

Está comunicada con Zacatecas por el camino que conduce a Juchipila.

Altura: 1633 metros. 4539 habitantes.

Susticacán

Situado al poniente de Jerez, a 2092 metros de altura. 987 habitantes. Se halla en una hondonada.

Fue fundado a mediados del siglo XVI. Actualmente se encuentra casi abandonado, presentando el aspecto de una vieja hacienda. Cuenta con las ruinas de un viejo convento edificado en la época colonial, así como con dos iglesias y una capilla.

El aspecto que presenta el pueblo es casi desolado. Fue en la época de la conquista paso obligado de las expediciones que se dirigían hacia el territorio de Zacatecas.

Milpa Alta
San Pedro Atocpan
San Pablo Ostotepec

Milpa Alta. Está situado a 8 kilómetros de Xochimilco. Es una población pintoresca, agradable y hospitalaria. Ofrece, como atracción principal, un hermoso convento del siglo XVI, que sostiene su pesada mole por medio de un botarel o espolón gigantesco. Visitando la bóveda se ven los camarines donde se guardaba la pólvora, circundados por un pretil almenado cuyos bastiones hacen el efecto de que se está en una fortaleza medieval. La fachada es enorme y sencilla, la torre es notable y su arquitectura es similar a la de la Concepción en México. El interior es espacioso. En el altar mayor, al lado izquierdo, hay un fragmento del retablo primitivo en relieve, representando la Asunción de la Virgen, y un colateral con escenas ingenuas, pintado al óleo, de la vida de san Antonio de Padua.

Existen dos pilas de agua bendita con relieves precortesianos. El claustro es de dos plantas, estrecho, con un aljibe en su centro para almacenar agua de lluvia.

En la misma población existen las capillas de la Concepción, San Agustín, la Luz, Santa Cruz, Guadalupe y Santa Marta.

Atocpan, San Pedro. Siguiendo de Milpa Alta hacia el poniente se llega a San Pedro Atocpan. Existe en este pueblo el bello convento auxiliar del de Milpa Alta, construido a partir del siglo XVI y terminado en 1669 por el célebre cronista franciscano fray Agustín de Betancourt.

El edificio es arrogante y almenado. Es interesante una pequeña construcción edificada junto al enorme pórtico que da acceso al atrio. Es rara porque existen poquísimas

Estas tres poblaciones del Distrito Federal fueron abordadas por Lauro E. Rosell en un artículo publicado en el número 2 de *Mapa*. Como es habitual, Rulfo omite en su versión la historia religiosa de Milpa Alta (e incluso las noticias sobre fiestas populares y días de mercado de Atocpan), destacando lo correspondiente a las características militares de estos conventos e iglesias.

de esta índole en el país. Se trata de la venta o ventorrillo que edificaron los frailes para abastecer de víveres a los traficantes en sus fatigosas caminatas.

Es importante también la iglesia del Señor de Yanhuitlalpan (su festividad se celebra el 28 de mayo), donde existe la venerada imagen del Señor de la Misericordia.

Ostotepec, San Pablo. Siguiendo por la misma carretera hacia el poniente se llega a San Pablo Ostotepec. Es un pueblo pintoresco. Su iglesia parroquial, espaciosa e interesante, se edificó en el siglo XVI. Su portada está adornada con relieves y algunos jeroglíficos que encuadran la ventana. En las bóvedas existen unos polvorines semejantes a los de Milpa Alta.

A corta distancia del pueblo está la iglesia del Señor de Chalmita, hermosa como ninguna. Por su arquitectura, por su conjunto y paisaje circundante es muy interesante. Tiene una maravillosa rampa con dos pórticos y una encantadora ermita en la parte baja. A los lados, las estaciones del Via Crucis en azulejo. En la ermita que está en la parte baja firmó Emiliano Zapata las reformas al Plan de Ayala.

Metztitlán
Lugar junto a la Luna

La costumbre de los habitantes de esta región de pelear en las noches de luna dio origen al nombre de Metztitlán, una de las poblaciones más antiguas que existen en el país, habiendo formado parte junto con Tula y Tepeapulco de uno de los señoríos más importantes del hoy Estado de Hidalgo. Su fundación es tan antigua que en el siglo XVI los primeros agustinos que evangelizaron esta parte de la Sierra encontraron indios de más de 120 años, a los cuales «vencía su memoria y la de sus padres y abuelos», sin que ninguno de ellos pudiera recordar el tiempo en que fue fundado el pueblo. Por otra parte, un petroglifo que representa a la luna y que estaba tallado sobre una enorme roca se cree obra de los olmecas, una de las primeras tribus que poblaron la Mesa Central y que posteriormente fundaron Cholula, en los primeros años de la era cristiana.

En 1530 fue conquistado Metztitlán por Andrés de Barrios, su primer encomendero, un descontento del repartimiento que hiciera Hernán Cortés, y desde entonces terminó la independencia de este señorío que había resistido todas las guerras.

Actualmente Metztitlán finca su orgullo en la poderosa riqueza de la Vega, cañada fértil y maravillosa, poblada de huertas y sembradíos en ambas márgenes del río, siempre verdes, en contraste con la aspereza de las montañas que la rodean. Así también por la Laguna, inmenso depósito de agua cerrado por el cerro del Tajo, y que al descender por filtraciones hacia el río Amajac deja su superficie llena de limo, fecundando prodigiosamente la tierra.

Saliendo de Pachuca hacia el norte, por la carretera que une a esta ciudad con Molango, se ofrece al viajero un espectáculo imponente desde la cima de la Barranca de los Venados. Como si de pronto se hubiese abierto la tierra, se presenta a la vista una enorme grieta que rompe la monotonía de las llanuras de Atotonilco el Grande. El camino desciende por angosto precipicio y se interna en vueltas y revueltas a través de una vegetación plagada de cactus, pitayas y garambullos en forma de candelabros, para después encontrar las velas enormes de los llamados «cactus senectus» con sus ribetes blancos, así como biznagas gigantes y toda esa vegetación propia de las tierras áridas.

Hasta aquí la caliza blancura de la tierra ha encandilado la vista. Pero más abajo la Vega, como un manto verde entre las aguas del Metztitlán, alivia y descansa. Y después de vadear el río, ya que el puente fue destruido por la fuerza de las crecientes, el camino sigue bajo la sombra de nogales y fresnos, para volver a encumbrar la barranca hacia las tierras altas de Zacualtipán.

A la izquierda se divide el camino, y en una extensión de 25 kilómetros recorre la Vega por el fondo de la cañada, siguiendo la margen derecha del río, bajo los imponentes contrafuertes de la barranca, que semejan montañas sucediéndose hasta el infinito. El aspecto de éstas y su cambiante colorido, así como el blanco caserío de los pequeños poblados y el verdor de los carrizales hacen de este lugar un rincón de maravilla, lleno de paisajes nunca imaginados.

Situado sobre las faldas de la barranca, con sus calles en empinada cuesta, se halla Metztitlán, a 1353 metros de altura sobre el nivel del mar. Y en la parte más alta, sobre una eminencia que señorea la población, se levanta la iglesia y monasterio de los Santos Reyes, teniendo como fondo las áridas montañas.

El primitivo convento, llamado de la Comunidad, ahora ocupado por las oficinas municipales, fue abandonado en 1539 por los agustinos, con motivo de verse amenazado por las crecientes del río, resolviendo construir el que hoy existe, en parte más elevada. Esta fábrica, con los muros desnudos del templo abandonado, la pesada y severa arquería del claustro, acusan su magnificencia y hacen de esta construcción una ruina bella e interesante.

El monasterio actual fue edificado en 1541. Grijalva refiere sobre su fundación lo siguiente: «Fue la conquista de la sierra de las más arduas y difíciles. Corre esta sierra desde Metztitlán por tan altas y continuadas serranías que con ser esta nuestra América tan doblada y fragosa, tiene esta región el nombre de Sierra Alta... Aquí, pues, entraron fray Juan de Sevilla y el bendito fray Antonio de Roa, en busca de aquellos pobres indios... escondiéndoseles por aquellas breñas, huyendo de la vida que les ofrecían...»

El templo y convento impresiona por sus grandes proporciones y el lugar en que se halla situado. Su sólida construcción, su decoración interior en altares e imágenes, entre los que resalta el enorme retablo principal que abarca todo el ábside, construido de madera tallada y dorada y en cuyo centro se halla en altorrelieve la Adoración de los Reyes, le dan sin duda alguna un valor inigualable. En su exterior, el espesor de sus lisos muros, coronados por almenas, sus macizos contrafuertes y la impresión general de templo fortaleza, hacen que sea uno de los primeros en su género en el estado de Hidalgo.

El convento es asimismo interesante. Sus corredores están ricamente decorados al fresco, teniendo bóvedas de crucería en cada uno de sus ángulos.

Con todo, el abandono, el tiempo y la desolación, muestran ya sus huellas en este enorme edificio, que debe ser conservado por su grandiosidad. La bóveda de cañón que cubre el templo se encuentra cuarteada de extremo a extremo; las lluvias han entrado por las paredes agrietadas y destruido altares de valor incalculable. El viento sacude sin cesar pinturas al óleo ya semidestruidas, y

afuera se nota ya el desmoronamiento de algunas ruinas, como la doble Capilla Abierta. Es pues urgentemente necesario que la Dirección de Monumentos Coloniales tome a su cuidado la conservación de este grandioso legado del siglo XVI.

Guía: Metztitlán se halla a 87 kilómetros de Pachuca, por la carretera Pachuca-Molango, estando pavimentada hasta el Zoquital (Kilómetro 43) y de allí en terracería hasta Metztitlán. Transitable en todo tiempo. Del paso del río, en Venados, conviene informarse en Pachuca, pues en tiempo de lluvias resulta difícil vadearlo. Existe en Pachuca la línea de camiones «Sierra de Molango», cuya terminal se encuentra frente a la plaza principal, que hace servicio a Metztitlán dos veces al día. Desde México, el recorrido se hace aproximadamente en cuatro horas.

De este templo y convento hay dos versiones. La primera, más extensa, procede del *Catálogo*, excepto por la descripción de la región, cuya fuente sería una obra de geografía que no hemos identificado. Siguiendo su costumbre Rulfo omite los extensos párrafos dedicados a los frailes («la avanzada, por decirlo así, de la evangelización y la civilización española en estos lugares»). De esto sólo cita la salida de los nativos a la parte más inaccesible de la sierra, huyendo de los frailes, que hasta allá fueron por ellos. Resume Rulfo con libertad el texto del *Catálogo* en la descripción arquitectónica, e incorpora una observación sólo suya: la identificación de las cubiertas del claustro como bóvedas con una decoración pintada (que aparecen en una de sus fotografías publicada en *Mapa*).

La segunda versión de este texto apareció como artículo en la revista *Mapa* de enero de 1952, firmada con el seudónimo *Juan de la Cosa* (cartógrafo y navegante del siglo XV), empleado igualmente por Rulfo en el relato inédito sobre Castillo de Teayo. La nueva versión es aún más concisa que la primera, e incorpora la amplia descripción del recorrido por la Barranca de los Venados y la Vega de Metztitlán, que provendría del conocimiento del sitio por parte del propio Rulfo: las cactáceas que menciona aparecen en sus fotografías (dos de ellas ilustran el artículo de *Mapa*). La imagen de esta idílica comarca en el texto de Rulfo no deja de recordar algunos pasajes de *Pedro Páramo*.

En esta versión Rulfo incorpora al final de la descripción del templo una imagen de su abandono, desolación y ruina que es únicamente de su mano (el *Catálogo* no decía nada en 1940 sobre el mal estado del edificio). Considerando además de ésta sus frecuentes menciones del estado ruinoso de algunos templos (como Lolotla), que casi siempre son observaciones sólo suyas, es inevitable pensar, como hemos señalado, en la iglesia de Luvina. En el párrafo que se debe sólo a Rulfo el lector encontrará igualmente, en las últimas palabras dedicadas al edificio mismo («afuera se nota ya el desmoronamiento de algunas ruinas, como la doble Capilla Abierta»), una anticipación de aquel «y se fue desmoronando como si fuera un montón de piedras».

Las fotografías de Metztitlán publicadas en este libro (templo, convento, capilla abierta y comarca) son las elegidas por el mismo Rulfo para ilustrar su artículo en *Mapa*.

Castillo de Teayo

Un farol nos detiene. Un farol rojo que expande su luz y se balancea frente a nosotros. Sólo se ve el farol. La lluvia y la noche cierran la carretera. «¿Qué quieren esos? ¿Dónde estamos?»

El farol se acerca y alguien, allá en el fondo de la oscuridad, nos dice: «¡Bajen sus luces! ¡Favor! ¡Favor de hacerse a un lado!»

El automóvil se nubla con la lluvia. Brinca. Retrocede un poco y se sale del asfalto metiéndose en la cuneta. Allá se detiene.

La lluvia golpea ahora más fuerte, en ráfagas blancas, mezcladas con neblina.

Por la ventanilla abierta se asoma una cara extraña, como de cobre: «No se puede seguir más allá —dice. Se ha derrumbado el paredón en Mata Oscura. No hay paso. Eso es todo. Pueden volverse a Poza Rica o quedarse aquí. Como quieran».

Es un soldado. Detrás de él está un rifle por el que escurre el agua en hilos brillantes.

—¿Dónde estamos? ¿Qué lugar es éste?

Nada. El soldado ha desaparecido.

Se hace un claro en la niebla. Un agujero por donde entra una luz anaranjada como de amanecer, hacia atrás de nosotros. Esa es Poza Rica. No estamos lejos. Me bajo del automóvil. El volante ha estado en mis manos muchas horas. Se siente pegajoso y resbala con este calor húmedo. Recorro bajo la lluvia una larga fila de coches y camiones que parecen dormidos, ladeados sobre la cuneta. Voy hasta donde está el farol. Pregunto:

—¿Ese derrumbe...

—Diga usted —me interrumpe.

—...está más allá de Tihuatlán o antes?

—Más allá. En Mata Oscura.

—Bueno. Déjenos pasar. Nosotros vamos a Tihuatlán.

—Aquí es Tihuatlán —y señala a su izquierda, hacia la negra noche. Aquí mero es.

—Entonces... podemos seguir, ¿no?

—Para allá no. Para acá, sí. Ya le dije.

La lluvia escampa. Los faros del automóvil buscan hacia la izquierda y descubren algunas casas entre los matorrales. A un lado, un camino encharcado.

—¿Éste es el camino?

—El camino de Álamo. Sí señor.

—Pero es que nosotros vamos al Castillo de Teayo.

—Es igual. Allí adelantito está la desviación.

Entramos. Rodamos lentamente entre los baches un largo trecho, a tientas. Las nubes estaban bajas y de la tierra brotaba una neblina azul. Esperábamos que ya no llovería. Pasaron unos hombres.

—¿Dónde está la desviación al Castillo?

Nos indicaron una casa de zacate:

—Allí.

—Bien. Muchas gracias.

Nos salimos de la blanca terracería y caímos a un camino negro. El coche todavía caminó un poco más entre el lodazal. Luego se soltó derrapando de un lado para otro hasta que se detuvo, cimbrándose como si lo estuvieran sacudiendo.

Salimos a ver. El barro lo había llenado todo. Aquel coche ya no andaría. Lo cerramos. Ahora teníamos 14 kilómetros por delante para llegar hasta el Castillo de Teayo. Ese era nuestro destino.

Caminamos. Buscando con los pies los pedazos de hierba rastreamos la brecha, sopesando el barro; resbalándonos y girando como sombras grises enmedio de la gris neblina.

A nuestro lado se traslucía la selva. Las ceibas altas, desmembradas, transparentándose a veces. Las parotas avanzando sus raíces hasta el camino. Los otates. Gruñidos de cosas. Palapas de palma quietas, inmóviles bajo el peso de tanta nube. Se oía el croar de las ranas y más que ninguna otra cosa el griterío de los grillos. Todo estaba lleno de ese ruido ininterumpido y sin ningún silencio. Allí a nuestro lado, espesa, goteando agua todavía, la selva de la Huasteca... Gruesos goterones de agua que caían y sonaban como un resquebrajadero de ramas. Y ningún olor a tierra. Sólo el grande, abundante y viejo olor verde de la selva.

Caminamos de prisa hacia el poniente, como si nos impulsara la noche. El calor arreciaba. No había aire. La niebla bajaba y subía y se descorría en delgadas desgarraduras. Luego volvía a oscurecerlo todo. Así durante más de una hora. Durante más de dos horas.

En el Castillo de Teayo la gente estaba dormida. Parecía un pueblo muerto.

Nos sentamos, con los pies agarrotados de cansancio, esperando a que volviera el día, acurrucados bajo un portal, oyendo siempre el sonido cercano de aquel sombrío mar de la Huasteca.

Poco antes del amanecer comenzó a soplar el norte. Llegaba la neblina y se iba arrastrada por el viento. Cuando aclaró seguían pasando nubes, en torrente, cerrando el horizonte. Y

IMÁGENES

Lista de fotografías

Página

5	Palacio de Bellas Artes desde la Alameda.	67	Acceso del templo de Acatepec.
7	Calle de Mexicaltzingo, Estado de México.	69	Judas para el Sábado de Gloria.
9	Torre y cruz de piedra.	70	Casa de las Cigüeñas en Puebla.
11	Ídolo totonaca.	71	Hombres en una calle de Puebla.
12	Juan Rulfo en la capilla abierta de Tlalmanalco.	72	Catedral y Zócalo de la ciudad de México.
16	Edificio de oficinas en Paseo de la Reforma.	73	Escultura de El Caballito en el Paseo de la Reforma.
21	Puerta del atrio de Chimalhuacán Chalco.	75	Calle rural.
24	Camino arbolado.	76	Casa en llamas.
25	Portada del templo de Chimalhuacán Chalco.	77	Casa en ruinas.
32	Fortificación del templo de Tula.	78	Muro con perforaciones.
35	Fortificación del templo de Atlatlahucan.	79	Caserío en ruinas.
36	Templo de Tlayacapan.	80	Calle de un pueblo.
40	Cactus senectus en la región de Metztitlán.	81	Pueblo del altiplano y Popocatépetl.
43	Doble capilla abierta de Metztitlán.	83	Camino, cactus y templo.
44	Bóveda del corredor de Metztitlán.	84	Pueblo y templo de Atlatlahucan.
46	Pirámide de Castillo de Teayo.	85	Calle de Taxco.
49	Figura femenina en Castillo de Teayo.	86	Templo rural y cerca de madera.
50	Piedra labrada en un camino en Castillo de Teayo.	87	Calle de Pátzcuaro.
51	Relieve escultórico en Castillo de Teayo.	88	Vista de Cholula.
52	Figura reclinada en Castillo de Teayo.	89	Vista de Zacatecas y Cerro de la Bufa.
59	Puerta del cementerio de Janitzio.	90	Vista de Taxco.
60	Fachada de piedra.	91	Paisaje urbano y campanario.
61	Mujeres y niños de Cholula.	93	Barda de adobe en Guadalajara.
62	Iglesia con tianguis.	94	Atrio de Tlaxcala.
63	Templo y tianguis.	95	Conjunto de ahuehuetes.
64	Mujeres en los lavaderos.	96	Camino con cactus y pueblo.
65	Puente de Apulco en ruinas.	97	Calle de Mitla, Oaxaca.
66	Acceso al templo y convento de Ozumba.	99	Cruz atrial de Acolman.
		100	Acceso al templo del Sacromonte y Popocatépetl.
		101	Cruz atrial en Michoacán y Paricutín en erupción.

103	Corredor bajo del convento de Atlatlahucan.	137	Acceso al atrio de Yecapixtla.
104	Corredor alto del convento de Tepoztlán.	138	Fortificaciones de los templos de Cholula.
105	Corredor de un convento.	139	Patio fortificado de Atlatlahucan.
106	Corredor superior del convento de Cuitzeo.	140	Almenas del templo de Tepeaca.
107	Patio conventual.	141	Almenas del templo de Yecapixtla.
108	Capitel de pilar del patio grande de Acolman.	142	Ábside fortificado del templo de Yanhuitlán.
109	Basa de pilar del patio grande de Acolman.	143	Ábside fortificado de Acolman.
111	Puerta con chapetones.	145	Ruinas del templo de Tecali.
112	Cúpula del camarín de Tepotzotlán.	146	Bóveda en ruinas.
113	Lucernarios y bóveda.	147	Templo en ruinas.
115	Escultura vertical y horizonte inclinado.	148	Iglesia en ruinas.
116	Museo Regional de Guadalajara.	149	Nave de un templo en ruinas.
117	Escultura en el remate de una fachada.	150	Arcos y torre.
119	Santuario Ocotlán, Tlaxcala.	151	Torre del templo de Yecapixtla.
120	Templo de Epazoyucan.	153	Erupción del Paricutín e iglesia de Parangaricutiro.
121	Fachada del templo de Metztitlán.	154	Capillas de Atlatlahucan.
122	Torre de Actopan.	155	Acceso al atrio de Atlatlahucan.
123	Capilla posa de Calpan.	156	Puerta norte del templo de Xochimilco.
125	Fortificación del convento de Actopan.	157	Templo de Tecali.
126	Ángulo de una iglesia con arbotante y cúpula.	159	Palacio de las Columnas en Mitla.
127	Iglesia y cactus.	160	Pirámide de Tenayuca.
128	Portada de templo y andamios.	161	Basamento piramidal en Monte Albán.
129	Acceso al atrio de Tulpetlac.	163	Sala de las Columnas en Mitla.
131	Templo y convento de Xochimilco.	164	Pirámide de Cempoala, Veracruz.
132	Templo en el campo.	165	Pirámide de Xochicalco.
133	Camino y pueblo.	166	Columna antropomorfa del templo de Tlahuizcalpantecuhtli en Tula.
134	Vista de Monterrey.	167	Figura femenina en Castillo de Teayo.
135	Pirámide de Cholula.	168	Templo de Tlahuizcalpantecuhtli en Tula.
		169	Chac-mool en Tula.
		175	Acceso a un atrio.

Primera edición publicada por Editorial RM
resavbp@data.net.mx

Copyright © Editorial RM, S.A. de C.V. 2002

Reservados todos los derechos.
Prohibida la reproducción total o parcial
sin la debida autorización.

Copyright © Juan Rulfo y Herederos de Juan Rulfo 2002

Dirección de Arte y Diseño: ASG
Cuidado de fotografías: Tomás Casademunt
Traducción al inglés: Gregory Dechant

ISBN 968-5208-05-0

Impreso en Japón. Printed in Japan
Toppan Printing Company

AGRADECIMIENTOS

Víctor Jiménez, director de la Fundación Juan Rulfo
Fundación Juan Rulfo. Familia Rulfo
José Luis Lugo y Selva Hernández
Tomás Casademunt
Javier Barreiro Cavestany
Laboratorio Mexicano de Imágenes: Héctor Olocco,
Guillermo Casillas, Miguel Castillo y Jorge López
Gregory Dechant

JUAN RULFO
WORDS & IMAGES

Juan Rulfo:
Literature, Photography and History

Víctor Jiménez

> *Non delle forme di tutto ciò intendevano parlare,*
> *ma di quanto esse nascondo.*
> Manfredo Tafuri y Francesco dal Co
> *Architettura contemporanea*, 1976

Photography and literature both appeared very early in Juan Rulfo's life, according to several direct testimonies. Perhaps that is why Rulfo never considered the written word the only medium of artistic expression he would cultivate. In the 1940s, for example, he first publishes some of his narrative pieces in the magazine *América* (from 1945 to 1951), as well as a collection of his photographs (in 1949). But immediate recognition as a writer of the first order —with the appearance of the stories of *El Llano en llamas* (1953) and the novel *Pedro Páramo* (1955)— may have restrained Rulfo from continuing to divulge his work as a photographer, which he was only to resume in 1980, with a book entitled *Homenaje Nacional*. What is more, Rulfo was involved in a third intellectual pursuit, alongside literature and photography, which he conceived as intimately bound to the other two: historiography. In other words, for a period beginning in the 1930s and continuing until the early 1950s, Juan Rulfo was at once a writer, a photographer and an historian *in posse*; and the traces of any one of these vocations can be detected in the other two, regardless of whether or not a larger public may have known of them, then or later. Rulfo in his lifetime would offer abundant clues to his familiarity with history, but it is only now, after his death and thanks to his manuscripts, that we can fully appreciate this aspect of his intellectual life.

The link between Rulfo's photography and his knowledge of Mexican history became clear to me around 1970, when I was working on his summer home. He showed me many of his negatives and asked me to make prints of them. In our conversations about these photographs, I came to realize that

Rulfo had read most of the chroniclers and historians of our country, including the most specialized ones, such as archaeologists, and historians of art and architecture. I learned that he had once had the idea of collaborating on a guidebook to places of architectural interest in Mexico. I visited some villages and buildings with him in the area around Popocatépetl, and listened to him speak for hours as a consummate connoisseur about numerous villages, localities and constructions. There was something remarkable about Rulfo: while speaking of a building or a village, he could shift to matters connected with its history in a way utterly uncommon to me at the time, and that I was only to find formulated many years later in the last sentence of the book by Tafuri and Dal Co on contemporary architecture: that one must not only try to speak of the forms of "all that" (architecture), but also of what they conceal. Speaking of a convento, for example, Rulfo might say that the friars had owned large haciendas, and had to undertake extensive hydraulic projects, which gained them the enmity of the natives forced to work thereon. One day, speaking about the conventos of Mexico City, he asked me if I had ever considered how it had been a truly conventual city, and invited me to imagine all that was required to feed so many people. He also surprised me on my return from my first visit to San Cristóbal de las Casas, around 1971: "Don Juan —I began—, I have just been to San Cristóbal. It's a lovely town..." His speedy reply was in stark contrast to my facile enthusiasm of an architect under the spell of the picturesque. Grim-faced and barely moving his lips, Rulfo murmured: "San Cristóbal is a horrible place". I don't think I even had time to ask him why he would say such a thing, when he added: "It's the town of the *coletos*". And he explained to me who the Creoles of San Cristóbal were.

When I once praised his library (which comprised ten thousand volumes), he replied that it was not as complete as he would have liked: "A good library is a history library; I only have literature", he said, though I can confirm that its stock of history books was not to be disdained. In time I realized that he had a very precise vision of our past: he used to say that the history of Mexico was extremely bloody and should be seen without complacency. Rulfo considered the sixteenth century a sort of original sin of the Mexican nation, a sin still not atoned for. He emphasized the cruelty of the Spanish of the time, not as some buried past, but as something that still had much to do with our later problems as a nation: the origin, for Rulfo, of that contempt for the life and dignity of others —and especially of the weakest— that the powerful of this country still flaunt. Shortly after the massacre in Tlatelolco in 1968, in the course of a conversation near his home, Rulfo referred to the continuity between the massacres of the conquistadors and those of later Mexican governments: he was convinced that our lack of awareness of the bloody past initiated in the sixteenth century was making us pay the price of new killings, in a sort of eternal return that would only be interrupted when we dared to face our history without self-deception.

If an historian had interviewed Rulfo, he would surely have discovered an aspect of his intellectual life that has remained in the shadows for most scholars. Rulfo more than hinted at the matter, even in interviews not intended primarily to address the subject. Responding in writing to some questions from Joseph Sommers about *Pedro Páramo*, for example, Rulfo approached his characters' lack of religious faith as something dating from a time long prior to the action of the novel:

"J. S. Changing the focus of our conversation a little, would you say that *Pedro Páramo* is a novel of negation?
"J. R. No, absolutely not. It's simply that certain traditional values are denied. [...] For example, in the question of belief, of faith. I was brought up in an environment of faith, but I know that that faith has been so confounded that it can apparently be denied that those men believe in something, have faith in something. [...] Their faith has been destroyed. The characters in *Pedro Páramo* once believed in something, and though they are still believers, in fact their faith is uninhabited. [...] In such cases, it is precisely anti-faith, the negation of faith, that this fanatical faith produces. [...] I come from a region of more than just one revolution —the Mexican Revolution, the one everybody knows about—, a region where the revolution of the Cristeros also took place. Men fought in that revolution [...] without any faith in the cause for which they were fighting. They believed they were fighting for their faith, for a sacred cause, but if you really look at the basis of their struggle, you will find they were men utterly lacking in Christianity.

"J. S. Since you have mentioned your region (Jalisco), wouldn't you like to elaborate a little on the historical personality of the area?

"J. R. Yes, because you have to understand its history in order to understand this fanaticism we have been talking about. I come from an area where the Spanish Conquest was extremely harsh. The conquistadors left no one alive there. They pillaged the villages, wiped out the indigenous population, and established themselves. The entire region was newly settled by Spanish farmers. But the fact that the indigenous population was exterminated brought with it a very special characteristic, that Creole attitude, somewhat reactionary and conservative of its created interests. Interests considered inalienable. This is the price they demanded for having taken part in the conquest and settlement of the region..."

Juan Rulfo's approach to certain periods in the history of Mexico, and that of its architecture, allows us to imagine the historian he might have been: a very critical one, no doubt. Not a few of the disquieting echoes of his literary and photographic work have to do with this: consider, for example, in the text and photographs of Castillo de Teayo, here included, the theme of the "destruction of faith". In fact, Rulfo felt much greater respect for certain historians, geographers and archaeologists than he did for his fellow writers, and it was clear when he spoke of the history of Mexico that for him it was a vocation he had never completely abandoned.

The first time I went with Rulfo to Chimalhuacán Chalco, where I built his summer home, he surprised me by how much he knew of the history of the locality. For example, that the present population was but a small part of what it had been in the sixteenth century: he showed me the atrio gateway (a photograph of which is published in these pages), which gives onto the open countryside now, but originally looked toward the center of the village. The village before our eyes at that moment was no more than a neighborhood of the original one. I asked him what had happened to those people and he told me the Spanish had carried off all the men to the conquest of Jalisco in the sixteenth century, and they never returned. They died or stayed there, and the women of the abandoned village slowly died off. This happened to very many villages in Mexico at that time, he added. Many communities disappeared completely. "The Conquest was something very cruel" —he concluded (this conversation would have taken place in 1971, I think; prior therefore to the interview with Sommers, which was published in 1973). In 1983 Rulfo returned to the question of Chimalhuacán in a lecture: he said it had had 20,000 inhabitants before it was depopulated by the Spanish, and "now it has 600".

Rulfo's architectural photographs range from pyramids to the skyscrapers of the Paseo de la Reforma *circa* 1950. Some of them powerfully evoke the world created by him in his writings, and many manifest a clear intention to suggest the historical reality associated with the architecture in question. It is also evident that Rulfo possessed an eye practiced in seeking out what was significant, rather than accessory, in the buildings he photographed: that he was familiar, in short, with books on the history of architecture and their images. We do not find merely an "artistic" intention in Rulfo's architectural photography, but the approach of a connoisseur.

In mid-1996 I read the texts Rulfo had written on Mexican architecture, as well as others dedicated to the history and geography of our country. I was able to examine papers and notebooks in which Rulfo addressed these subjects at considerable length. In the same papers may suddenly appear, at the turn of a page, the names of numerous writers, heading exhaustive lists of the titles of their works. We also find annotations on these authors, or transcriptions of chapters from novels by them. And more texts on architecture. Then, copied by hand, a long poem. And even here and there, between one thing and another, lists of composers and their compositions: Rulfo the music-lover also had a systematic mind.

As I looked over these papers for the first time, I could not help thinking about his interest in architecture, which I remembered well, but what was before my eyes at that moment far surpassed anything I might have imagined. At first I supposed Rulfo had prepared it all for some publication addressed to travelers, such as the guidebook he once mentioned. The possibility should not be completely disregarded, and an examination of all of the material together even seems to confirm it. But many of the texts would have no place in a publication of this type. It is also possible that this use was only an intermediate stage in a much more ambitious project of a different nature, interrupted by the change that took place in Rulfo's life when he became established as a writer. Nor can the possibility be ignored, finally, that many of the texts Rulfo compiled on Mexican history and architecture found a place in his notes and papers for the same reason as the passages from novels and poems that he copied out: they belong to a writer's notebook.

Rulfo produced some 400 monographs on buildings and archaeological zones —not to mention those dedicated to villages, localities, regions and other geographical areas—, ranging from short notes of five or six lines to texts covering four or five typewritten or compact manuscript pages. Forty or so are between one and four pages in length; roughly the same number cover between half a page and a full page; and the rest are less than half a page long. There are also maps drawn in Rulfo's hand, and lists of buildings and villages...

The greater part of these texts —as to be expected in this field— are transcriptions, with variations of greater or lesser importance, of passages to be found in various works of reference on the history of Mexican architecture. These reference books are specialized works, and just to read them requires a certain level of dedication. Pride of place must go to the *Catalogue of Religious Constructions of the State of Hidalgo*, a work in two large, thick volumes (of almost 800 pages each), published by the Ministry of Finance in 1940 and 1942. This *Catalogue* is of remarkable value, as might be expected of a work coordinated by Justino Fernández, with the collaboration of architects such as Federico Mariscal, Vicente Mendiola and José Gorbea, and art historians such as Manuel Toussaint and José Rojas Garciadueñas. In addition to the extremely detailed field research, including photographs and drawings (the latter of high quality in many cases; Juan O'Gorman, among others, collaborated on them), a group of researchers undertook to compile historical information on localities, religious orders and political events, and to draft highly professional descriptions of the various constructions. Some of the texts are dated 1929; the *Catalogue* was more than a decade in the making. The texts dedicated to buildings of major importance fill several dozen pages on occasion; the less significant ones extend at times to half a page. The more important articles rest on much solider documentation; the smaller ones depend almost completely on the texts of the researchers.

A clarification is necessary here: the *Catalogue* accords greater value to constructions of more distinction, but its criteria are not solely those of the history of art and architecture, since it deals with *all* of the religious constructions in Hidalgo, regardless of size, age, architectural value or physical state. The objective of the *Catalogue* was to gather as much information as possible about certain buildings belonging to the federal government. Alongside conventos of manifest interest there are small churches and even lean-tos of no importance at all, and whose lack of significance is registered. Abandoned and ruined constructions were also included. The *Catalogue* compiles a total of exactly 800 buildings; Rulfo redrafted the texts of some 100, but it should not be supposed for a moment that these were the most outstanding ones from an artistic point of view. Many of the monographs that attracted Rulfo's attention begin by stating that a given church is of no interest at all. It is not difficult to guess, however, why he decided to give these buildings his attention: this is one of the points of contact with his literary work. Other connections are to be sought in the frequency with which he includes certain observations, or his systematic omission of certain other passages inevitably contained in the *Catalogue*'s monographs.

Rulfo also used the *History of Hispano-American Art* (1945) by the Spanish art historian Diego Angulo. This author enjoyed a certain esteem until George Kubler directed a very severe criticism at his work in 1967. Strangely enough, when Rulfo quotes him, he seems to avoid those very aspects that Kubler considered weakest in Angulo's work: his "Hispanic ethnocentrism" and his excessive dependence on "stereotyped formulas of the history of styles". Rulfo uses him in drafting the descriptions of several constructions not located in the state of Hidalgo.

Finally, Rulfo also consulted a Mexican publication dedicated to travel and cultural matters: *Mapa*, which began monthly publication in April of 1934 and continued until at least the first years of the 1950s. Associated with the expansion of Mexico's highway network, *Mapa* published articles by authors such as Manuel Toussaint (who assembled his contributions to *Mapa*, together with some other texts, in *Paseos Coloniales*), Enrique A. Cervantes, Xavier Villaurrutia, Lauro E. Rosell, Salvador Domínguez Assiayn, Francisco Hernández Serrano, Eduardo Noguera, Raúl Flores Guerrero, Rafael Heliodoro Valle and

Carlos A. Echanove Trujillo. Some of these authors figure among the photographers who collaborated in the magazine, along with Hugo Brehme and Manuel Álvarez Bravo. Of the magazine's collaborators, Rulfo especially quotes Domínguez Assiayn, a regular contributor, versatile, well-informed, a careful prose stylist and gifted with a critical vision of Mexico's past that frequently permits ironic observations on the judgments of conservative historians. Rulfo also makes use of Rosell, Flores Guerrero and García Granados. The virtually complete omission of Toussaint, with his prose full of circumlocutions and "literary" turns, would not appear to be fortuitous (Rulfo quotes only briefly from his *Colonial Art in Mexico* of 1948). At the end of the 1940s and beginning of the 1950s, Rulfo's association with *Mapa* became closer, culminating in his brief emergence as the director of the magazine for a single issue in January of 1952. In this issue he published one of his texts on buildings, dedicated to Metztitlán, which is included here. And he prepared a semi-narrative account of Castillo de Teayo that remained unpublished. It is also included here.

There are some constants in Rulfo's selection of monographs from the works he consulted and the passages he quotes from them. He concentrates especially on sixteenth-century buildings. He includes a large sample of the most important architectural works, but it is surprising (particularly in the texts taken from the *Catalogue*) how often references appear to abandoned villages, or to communities decimated or displaced by force in the first years of the colonial period. Rulfo is also interested in descriptions of the ruinous state of a church or convento, often for that very reason, and even includes this detail when his source fails to provide it. Observations concerning the military character of the early colonial religious constructions never fail to attract his attention. He collects details about resistance to the clergy from the inhabitants of various localities: when they fled from the friars or burned down churches, for example. He also pauses over testimonies to the persistence of the indigenous cultures, be it in matters of religious worship, artistic expression or the ruins of their ancient cities.

No less telling are Rulfo's omissions: the *Catalogue*, for example, gives a great deal of space to passages extracted from the religious chroniclers exalting the piety of their colleagues of former times. The chronicles abound in the customary miracles, the grateful love of the natives for the friars and a whole repertory of stereotypes that make this literature one of the most tedious of historical genres. Rulfo but seldom copies a few lines of all this. At most the name of a friar, and he reduces the encomiums to a minimum. He almost never uses the term "evangelization", and prefers to refer to the notion, in a list of the conventos, sanctuaries and churches of Hidalgo, as "the religious colonization in the state".

When Rulfo deals with important constructions, the drafting of the corresponding texts closely follows an academic model: there tends to be little room for innovation in these cases. Not so when the constructions offer scant architectural relevance, but merited Rulfo's attention nevertheless: it is here, as we have mentioned, that we find certain keys in our approach to his photography and literature from the perspective of these articles.

The following texts are examples of the ones Rulfo composed on various buildings —mainly from the *Catalogue*, but also from other sources—, in the order they appear in the notebook containing the greatest number of them. The rest come from various collections of loose sheets. Omissions are indicated in the notes at the end of each text. Material attributed exclusively to Rulfo is printed in italics, as are the editor's commentaries. The piece dedicated to Castillo de Teayo is a special case.

Words

Juan Rulfo

Lolotla (Ex-convento)

Located at kilometer 157 of the Pachuca-Huejutla highway, at an altitude of 1580 meters.

Etymology: "place of many devils or perverse people", Lolotique. It originated from an amalgamation of Chichimecas with savage hordes. All the old chroniclers agree that it is a slothful and perverse village. "Its inhabitants are mistrustful and uncivil, not only with their betters, but with all kinds of people; they are drunkards and egotists, quarrelsome and capricious, not only among themselves, but also with the neighboring villages. Their lands are extensive and fertile (those that they possess); but they are always wrangling for the possession of others. This is the reason for the sad decline of the village".

The church: built by fray Antonio de Roa in 1538, *it has been destroyed several times by arson*. It is the principal building of the village, but is in ruins: the roof open to the sky, the walls blackened, the windows covered with palm leaf mats, the ancient altars and images deteriorated; the church bells cracked and unresonant, the floorboards rotted by the rain. Such is the forlorn spectacle offered by this church and this village...

The church tower, and what is left of the convento, are in ruins.

The Catalogue *offers two etymologies for the name of the village; Rulfo discards the one that says "place of rounded stones" and retains the other, which appears here and must have amused him. He gives a very condensed version of the text of the* Catalogue, *including the quotation from a nineteenth-century parish priest, Cecilio Ramírez, whose prose he simplifies. The priest's low opinion of the inhabitants of Lolotla is not surprising, given they purposely burned down the church on several occasions (a fact only mentioned by Rulfo). Ramírez is unable to conceal, however, that the people of Lolotla have taken action in defense of their lands, perhaps in opposition to the clergy. It must have been the description of the half-destroyed church and the cause of its ruin that attracted Rulfo, since the building itself is of no importance. With the text dedicated to the church and convento of Metztitlán, in the final part of the book, we are not far from the church in Luvina, the only building of which there is a "description" in Rulfo's literary works.*

Yolotepec

Located at kilometer 139 of the Mexico-Laredo highway.

Etymology: "hill of the heart".

Though not of primary importance, the church is of interest because of the atrio battlements and the apse, supported by stepped buttresses, which give it the appearance of a military fortress. Built of rubble and tezontle, it has a single nave, with a vaulted roof. Attached is the chapel of Our Lady of la Soledad, dating from the same period as the church. *It has a sad and singular air in the aridity of the surrounding region. The people of Yolotepec are very poor.*

The text has been considerably condensed. Yolotepec is a good example of Rulfo's constant interest in churches of a military character, and in desolate localities. The Catalogue *makes no mention of the sadness of the church (which Rulfo finds "singular"), the aridity of the region or the poverty of the people. Two excellent drawings accompany the monograph in the* Catalogue.

Tepetlaoztoc

(The Indians of this locality erected the houses that their cruel encomendero Gonzalo de Salazar constructed in Mexico around 1550.)

The portrait of fray Domingo de Betanzos, preserved in the hermitage annexed to the Dominican convento, certainly dates from the middle of the sixteenth century. Perhaps it was copied from a mural painting executed in the friar's lifetime; but the pictorial characteristics of primitivism and ingenuity are the same.

In the cloister of the monastery several large disks with scenes of the Passion have been preserved. The cloister has round arches on the lower level and flat wooden ones on the upper level. The façade has been modified.

The first paragraph, in parentheses, and the brief mention of the cloister and façade of the building are the only details not taken from Toussaint (Colonial Art in Mexico, *where the author is very succinct; Toussaint also deals with Tepetlaoztoc, at greater length, in the tenth issue of* Mapa. *Rulfo was acquainted with the text, but avoided it. We can see why: it is a good example of Toussaint's most affected prose*).

Tula

Village, municipal seat. Located 57 kilometers from Actopan by paved highway, at an altitude of 2066 meters.

Etymology: "place of tules or bulrushes".

It is the ancient Tollan of the Toltecs, one the most ancient and powerful cities of pre-Cortesian times (see Archaeology).

Convento: church built by fray Juan Antonio de San Juan in 1553. Don José María Ruiz de Velasco offers the following description of the convento at Tula in 1863: "It was occupied by Franciscan friars, and like most of the conventos of this order in our country, it is constructed with a fortress architecture, so it has the look of a castle. The greatest care was taken in covering its flanks with turrets and sentry boxes, in order to double the lines of defense and to make it as resistant as a rubble-built construction can be. It measures 60 Castilian varas in length, 15 in width and 30 in height. The thickness of the walls, from top to bottom, is two and a half varas. The outer walls are clad in rectangular blocks of cut stone, carefully worked and polished. The courses of lime are very thin and still intact after three centuries. The interior of the church possesses some fine paintings executed on the altars by the best Mexican artists of the time. Connected to the church is the cloister, almost in ruins. The little that remains standing is a small courtyard surrounded by a low arcade, with another on top of that. Both are extremely narrow and form the heart of a labyrinth of cells, passages and stairways, so cramped, complicated and dark that in many places it is necessary to grope one's way along.

"As famous as the church is the atrio, 800 varas long", *with a crenelated wall.*

The main façade, which looks west, is of plane walls reinforced by diagonal buttresses, the one on the north side terminating in a sentry box. It consists of two stories. The first contains the doorway. The second is crowned by a triangular bell gable joined to the third story of the tower, the whole resembling a solid and perfectly unified cresset.

The nave: divided into four rib-vaulted bays with increasingly intricate ogival ribbing as one moves from the choir to the rose window. The altars, both main and lateral, are modern and of no interest *at all*. On the southern side there is an arcade of three round arches, whose archivolts are embedded in the springers and supported by small columns adorned at their bases with the characteristic claw motif.

Cloister: the columns of the lower-level arches have no capitals, so the archivolts are embedded in the shafts. The upper-level cloister walks have round arches supported by small pillars with capitals. The doors and windows of the annexes are ogival in form, though some have double arches of a different shape.

The Sagrario chapel on the northern side was built in 1750 and is an example of the baroque style.

There is also a Calvary chapel, of no interest at all.

Since the Catalogue *makes no mention of it, Rulfo begins his version by specifying the Mesoamerican origin of Tula. The* Catalogue, *on the other hand, begins with a long colonial and religious history that plods through an endless series of friars (some of them on the point of dying at the hands of the natives of Tula who continued to defend their former religion), including long quotations from the religious chroniclers. Rulfo does not retain a single word of all this, except for a brief mention of the date of construction and the builder, and the quotation from the parish priest Ruiz de Velasco, who writes frankly and at length about the military nature of the religious buildings of the colonial period (based apparently on the historians Iberri and García Cubas, as the* Catalogue *suggests). In addition to this description, Rulfo lingers over that of the labyrinth of ruins of the old cloister. He adds a mention of the crenelated wall to Ruiz de Velasco's description of the atrio, while omitting several other details. As usual, Rulfo does not include a description of the interior of the church —except for the ribbed vaults— or of the chapels. The material concerning architecture is highly summarized, while Ruiz de Velasco's paragraph, given little prominence in the* Catalogue, *takes on much greater importance in Rulfo's version.*

Tutotepec

Village, municipal seat. Located 17 kilometers from Tenango de Doria, at an altitude of 960 meters.
Etymology: "hill of birds".
The primitive church was in Tutotepec, nowadays a village in decline, where in 1542 a convento was established. This burned down in 1852 and has been abandoned ever since. "Its venerable ruins resemble mutilated skeletons". (It came to be considered in its time one of the best conventos of the region.) *The plateresque doorway is interesting, as are the buttresses.*

The text of the Catalogue *deals at length with the colonial and religious history of the locality: as usual, Rulfo does away with all of this. The comparison of the convento ruins to "mutilated skeletons" is almost imperceptible in the* Catalogue, *but Rulfo could not let it go unnoticed.*

Ixcuincuitlapilco

Etymology: "on the dog's tail". Located four kilometers from the Tecamatl-Tula highway.
It was the first village founded in what is now the district of Actopan. *The church of St. Matthew, of a single nave, is of no interest.*
There are some ruins on the outskirts of the village.

The Catalogue *considers the convento to be of some value. Rulfo greatly condenses a long original text and refuses to concede any interest to the church. The* Catalogue *mentions a fine retablo, which Rulfo omits, and does not speak of the ruins, which are the only reason Rulfo might have had to mention the locality.*

Tilcuautla

The church, reconstructed in 1800, is built of rubble, with a barrel-vaulted roof and crenelated walls. A seventeenth-century baroque doorway, with an octagonal lintel crowned by a niche and a cross. A single-story church tower. *The whole is of some interest owing to its state of neglect.*

This is not a notable church; the description of it in the Catalogue *and in Rulfo's version is very brief. But while the* Catalogue *states "Material condition: good", Rulfo speaks of neglect, which he finds interesting.*

Atlatlahucan

Built by the Augustinians in 1570. The architectural elements of the period remain intact. Battlements, an indispensable component of any convento-fortress in the first years of the Conquest, crown the walls, encompassing the building as far as the cloister in a display of excessive defense. The vault of the open chapel conserves traces of mural decoration. The conventual doorway is also interesting, as are the *posas*, or processional chapels, at the corners of the atrio, which is sown with plum and date trees at the present day. These *posas* show a strange peculiarity: their vaults, similar to rudimentary domes —domes do not appear in Mexico until the eighteenth century—, crowned by cylindrical pinnacles that serve as little lanterns.
The severity of the façade is accentuated by its layer of patina, which gives it a venerable air. At the top, four bell gables, arranged symmetrically with two on each side, shelter their respective bells.
Cloister: the vaults of the cloister walks have a painted mudejar *artesonado*. This original solution to the problem of ornamentation, since the rubble-built columns are not molded in any way, is to be found in other conventos of the region, such as neighboring Oaxtepec and Totolapan.
A short distance from the old Augustinian construction there is a peculiar chapel with battlements that refuses to reveal the secret of its function.
Atlatlahucan is located 2 kilometers from the Mexico City-Cuautla highway, at kilometer 88.
Climate: hot.

We have included two localities in the state of Morelos in this section.
We have not identified the source from which Rulfo worked for this text on Atlatlahucan. It is worth noting,

however, that an issue of Mapa *from 1943 contains an article on Atlatlahucan by Francisco Hernández Serrano, more interpretative than informative (and with a purpose that could be characterized as "literary"), that Rulfo did not use at all.*

Tlayacapan

Located 7 kilometers northwest of Oaxtepec. *It is also accessible by the road that branches off the Mexico City-Cuautla highway at kilometer 88 (Atlatlahucan) and passes through Totolapan.*

The village is located in the fantastical mountain region of Tepotzlán, with its strange hill formations facing Tlayacapan, such as the Sombrerito, Zoapapalotl, Coatzin and Tepozoc. Cutting across the road between Tlayacapan and Oaxtepec is the deep ravine of Cuauhatlaco, with its plunging precipices and abundant waterfall, which moves an enormous quantity of water in the rainy season.

Convento: a great crenelated wall rises in the center of the village, encompassing the old sixteenth-century Augustinian convento. The church façade, crowned by a series of five enormous bell gables, was partly reconstructed in 1896. *It has the general appearance of a church-fortress with broad, high buttresses. It is a single-nave church with a barrel vault.*

The cloister is of completely smooth rubble construction, with massive pillars. The lower level has conserved half-columns resting on a continuous base. The arches on the upper level have no moldings. The cloister walks are decorated with fresco paintings, unfortunately covered by thick layers of lime. The cells and other compartments offer the appearance *of the most desolate devastation, and the ruinous work of time has left its mark on this enormous crenelated complex.*

Of note are the cisterns in the convento garden, used for collecting rain water; the vaults *also* show simple *al fresco* decoration. The curbstones of the cisterns are interesting for their peculiar style of construction.

Rulfo worked from an article by Víctor Manuel Martínez in the tenth issue of Mapa. *He produces a notably free version of the text, changing the phrasing in most paragraphs (an extreme example is "of the most desolate devastation", so far from Martínez' text that it can be considered a new phrase), and incorporating a section that is entirely his own. As usual, Rulfo eliminates all of the colonial history of the site.*

The following examples come from Zacatecas, in the first two cases; and then from the Federal District, with three villages gathered into a single text.

Villanueva

Town, municipal seat. Founded in 1692 by colonists from Nueva Galicia, and named Villa Gutiérrez del Águila.

On a hill called "Los Edificios", 16 kilometers north of Villanueva (42 kilometers to the southwest of Zacatecas), are the ruins of Chicomoztoc, the remains of what was once a powerful city.

Villanueva possesses fine buildings, two churches and the former consistorial offices, now the Municipal Palace.

It is accessible from Zacatecas by the road leading to Juchipila.

Altitude: 1633 meters. 4539 inhabitants.

Susticacán

Located to the west of Jerez, at an altitude of 2092 meters. Population: 987. Situated in a hollow.

Susticacán was founded in the middle of the sixteenth century. It is almost abandoned at the present day, and resembles an old hacienda. There are some ruins of an old convento built during the colonial period, as well as two churches and a chapel.

The village is almost desolate. At the time of the Conquest, it was an obligatory stopping place for expeditions heading for the territory of Zacatecas.

Milpa Alta
San Pedro Atocpan
San Pablo Ostotepec

Milpa Alta. Located 8 kilometers from Xochimilco. A pleasant, picturesque and hospitable village. Its principal attraction is the beautiful sixteenth-century convento, whose ponderous mass is supported by a flying buttress or gigantic spur. On the extrados of the vault are some magazines where gunpowder was stored, encompassed by a crenelated parapet whose bastions give the impression of a medieval fortress. The façade is enormous and plain, the church tower noteworthy and its architecture similar to that of the Conceptionist church in Mexico City. The interior is spacious. To the left of the main altar there is a fragment of the primitive retablo in relief, depicting the Assumption of the Virgin Mary, and a collateral retablo with oil paintings representing scenes from the life of St. Antony of Padua in a naive style.

There are two baptismal fonts with pre-Cortesian reliefs. The narrow cloister has two levels, with a cistern in the middle to collect rain water.

In the same village there are chapels of the Immaculate Conception, St. Augustine, la Luz, Guadalupe and St. Martha.

Atocpan, San Pedro. Continuing west from Milpa Alta one reaches San Pedro Atocpan. There is a beautiful convento in this village, a dependency of the one in Milpa Alta. It was begun in the sixteenth century and finished in 1669 by the celebrated Franciscan chronicler fray Agustín de Betancourt.

An arrogant, crenelated building. Of interest is the small construction erected to one side of the enormous portico that allows access to the atrio. There are very few of the same kind in the country. It is a simple inn or hostelry built by the friars to furnish merchants with supplies in their exhausting journeys on foot.

Also of importance is the church of the Señor de Yanhuitlalpan (whose feast day is celebrated on May 28th), with its venerated image of the Señor de la Misericordia.

Ostotepec, San Pablo. Continuing westward on the same highway one reaches San Pablo Ostotepec. A picturesque village. Its parish church, spacious and interesting, was built in the sixteenth century. The doorway is ornamented with reliefs and some hieroglyphics frame the window. On the extrados of the vaults there are some gunpowder magazines similar to those in Milpa Alta.

A short way from the village is the church of the Señor de Chalmita, of unsurpassed beauty. The whole of its architecture and the surrounding landscape are very interesting. It has a marvelous ramp with two porticoes and a charming hermitage in the lower part. The Stations of the Cross are depicted in glazed ceramic tiles on the sides. Emiliano Zapata signed the amendments to the Plan of Ayala in the lower-level hermitage.

These three villages in the Federal District were dealt with by Lauro E. Rosell in an article published in the second issue of Mapa. *As usual, Rulfo's version omits the religious history of Milpa Alta (and even the details of the traditional fiestas and market days of Atocpan), and gives prominence to the military characteristics of the conventos and churches.*

Metztitlán
By the Side of the Moon

The inhabitants' custom of fighting on moonlit nights gave origin to the name of Metztitlán, one of the oldest villages in the country, which formed together with Tula and Tepeapulco one of the most important dominions in what is now the state of Hidalgo. Its foundation dates so far back that the first Austin friars who evangelized this part of the sierra in the sixteenth century found Indians more than 120 years old, who "exhausted their memories, and those of their fathers and grandfathers", without being able to remember the time when the village was founded. A petroglyph carved onto an enormous rock and depicting the moon is believed to be the work of the Olmecs, one of the first groups to settle the central plateau, who later founded Cholula, in the first years of the Christian era.

Metztitlán was conquered in 1530 by Andrés de Barrios, its first encomendero, one of those unsatisfied with the repartimiento, or assignment of Indian labor, made by Hernán Cortés. He put an end to the independence of a dominion that had resisted all invaders.

Nowadays Metztitlán's pride and joy are the teeming riches of the Vega, a marvelous, fertile valley of orchards and arable lands that stretch, perpetually green, along both banks of the river, in stark contrast with the ruggedness of the surrounding mountains. And also the Lagoon, an immense reservoir of water closed in by the hill of the Tajo, which filters down toward the Amajac river, covering the surface of the earth with a prodigiously fertile layer of lime.

The traveler who leaves Pachuca northward along the highway to Molango is offered an imposing spectacle from the crest of the Barranca de los Venados. As if the earth had suddenly opened up, a great crevice breaks the monot-

ony of the plains of Atotonilco el Grande. The road descends along a narrow precipice and twists and turns through a landscape infested with cactuses, pitahayas and garambullos in the form of candelabras. Then come the enormous candles of the cane cactuses with their white trim, as well as the giant biznagas and all the vegetation so characteristic of arid regions.

Thus far the limy whiteness of the landscape has blinded the sight. But further down, the Vega, like a green mantle between the waters of the Metztitlán, offers rest and relief. After fording the river, for the bridge has been destroyed by the violence of the freshets, the road continues in the shadow of ash and walnut trees before climbing the ravine again to the highlands of Zacualtipán.

The road branches off to the left and follows the right bank of the river along the valley floor for 25 kilometers under the imposing buttresses of the ravine, which resemble mountain crests succeeding one another as far as the eye can see. The changing colors of the hills, the white houses of the tiny villages and the green of the reed fields make this place a haven of marvels, full of unimagined landscapes.

Metztitlán, with its steeply inclined streets, is located on the slopes of the ravine, at an altitude of 1353 meters above sea level. In the uppermost part, overlooking the village, rises the church and monastery of the Holy Kings, with the arid mountains as backdrop.

The primitive convento of la Comunidad, now occupied by the municipal offices, was abandoned by the Augustinians in 1539 because of the threat posed by the swelling of the river. They decided to build the present one higher up. The bare walls of the abandoned church, the severe and ponderous arches of the cloister bear witness to the former magnificence of this fascinating and beautiful ruin.

The present monastery was built in 1541. Grijalva relates the following about its foundation: "The conquest of this sierra was extremely arduous and difficult. The sierra that runs from Metztitlán is so continually high and mountainous that even within this broken and craggy America of ours, this regions bears the name of Sierra Alta... It was here, then, that fray Juan de Sevilla and the blessed fray Antonio de Roa entered in search of those poor Indians... who hid themselves in that rugged underbrush, fleeing the life that was offered them..."

The massive proportions and the setting of the church and convento make a deep impression. It is of unequaled value for its solid construction and the interior decoration of the altars and images, particularly the enormous main retablo, of carved and gilded wood, with a high relief of the Adoration of the Magi in the center, which fills the entire apse. On the outside, the thickness of the plane crenelated walls, the massy buttresses and the general impression of a church-fortress make this building one of the first of its kind in the state of Hidalgo.

The convento is also interesting. The cloister walks, sumptuously decorated with fresco paintings, have ribbed vaults at each corner.

Nevertheless, time, neglect and devastation have left their scars on this enormous building, which should be conserved for its grandeur. The barrel vault is fractured from one end to the other; the rain has entered through the cracks in the walls and destroyed altars of incalculable value. Oil paintings have been seriously damaged by the constant buffeting of the winds, and some of the exterior ruins, such as the double open chapel, are in a state of collapse. There is an urgent need for the Direction of Colonial Monuments to take this grandiose legacy of the sixteenth century into its care.

Guidebook: Metztitlán is located 87 kilometers from Pachuca by the Pachuca-Molango highway, which is paved as far as Zoquital (kilometer 43) and continues as a gravel road until Metztitlán. Accessible in all seasons. Information on the crossing of the river at Venados should be obtained in Pachuca, as it is difficult to ford during the rainy season. The terminal of the bus line "Sierra de Molango", which provides service twice daily to Metztitlán, is located across from the main square in Pachuca. The trip from Mexico City takes approximately four hours.

There are two versions of this church and convento. The first and more extensive one comes from the Catalogue, *except for the description of the region, whose source must be some geography book we have been unable to identify. As usual, Rulfo omits the long paragraphs dedicated to the Mendicant friars ("at the vanguard, as it were, of the evangelization and of Spanish civilization in these regions"). He quotes only the detail of the flight of the Indians, and the friars' pursuit of them, into the most inaccessible part of the sierra. Rulfo freely summarizes the* Catalogue's *architectural description and adds a single observation of his own: the identification of the ceilings of the cloister walks as vaults with painted decoration (which appear in one of his photographs published in* Mapa*).*

The second version of this text appeared as an article in Mapa *in January of 1952, signed with the pseudonym Juan de la Cosa (a fifteenth-century cartographer and navigator), which Rulfo also used for the unpublished account of Castillo de Teayo. The new version is more concise than the first one, and incorporates a detailed description of the trip through the Barranca de los Venados and the Vega de Metztitlán, based on Rulfo's own knowledge of the surrounding region: the cactuses he mentions appear in his photographs (two of which illustrate the article in* Mapa*). The image in Rulfo's text of this idyllic locale recalls certain passages of* Pedro Páramo*. At the end of the description of the church in this version, Rulfo incorporates an image of its neglect, devastation and ruin that we owe exclusively to him (the* Catalogue *says nothing in 1940 about the poor condition of the building). Considering his frequent mentions of the ruinous state of some of the churches (such as Lolotla), which are almost always his own observations, it is impossible not to think, as we have mentioned, of the church in Luvina. In the paragraph written by Rulfo alone the reader will also find, in the last words devoted to the building itself ("some of the exterior ruins, such as the double open chapel, are in a state of collapse"), a foreshadowing of the last phrase of* Pedro Páramo*, "and [he] lay there, collapsed like a pile a rocks".*

The photographs of Metztitlán published in this book (church, convento, open chapel and the surrounding region) were chosen by Rulfo himself to illustrate his article in Mapa*.*

Castillo de Teayo

A lantern brings us to a stop. A red lantern that distends its light and swings back and forth before us. Only the lantern can be seen. The rain and the darkness close up the road. "What do they want? Where are we?"

The lantern comes nearer and someone speaks to us out of the darkness: "Lower your lights! Please! Over to the side, please!"

The car fogs up in the rain. It bucks. It moves back a little and rolls off the asphalt into the ditch. It comes to a stop there.

The rain beats down more heavily now, in white gusts, mixed with fog.

A strange face, as of copper, peers through the open window: "You can't go any farther —it says. A retaining wall has collapsed in Mata Oscura. The road's closed. That's all. You can go back to Poza Rica or stay here. As you like".

It's a soldier. Behind him the water runs down a rifle in brilliant rivulets.

—Where are we? What's this place called?

Nothing. The soldier has vanished.

A clearing forms in the fog. An opening through which an orange-tinted light enters like the dawn, behind us. That's Poza Rica. We're not far. I get out of the car. The steering wheel has been in my hands for many hours. It feels sticky and slides in the moist heat. I walk in the rain alongside a long line of cars and trucks that seem to be sleeping, leaning over the ditch. I go to where the lantern is. I ask:

—That collapse...

—Yes? —he interrupts.

—Is it past Tihuatlán or before?

—Past. In Mata Oscura.

—Well then, let us pass. We're going to Tihuatlán.

—This is Tihuatlán —and he motions to his left, toward the black night. Right here.

—Then... we can continue?

—Not that way. This way, yes. I've already told you.

It stops raining. The headlights sweep toward the left and reveal a few houses in the brush. To one side, a road full of puddles.

—Is this the road?

—The road to Álamo. Yes sir.

—But we're going to Castillo de Teayo.

—It's all the same. The cutoff is just there ahead.

We entered. We made our way slowly between the potholes for a long stretch, uncertainly. The clouds were low in the sky and a blue fog rose from the earth. We hoped it wouldn't rain anymore. Some men passed.

—Where is the cutoff to Castillo?

They pointed to a zacate hut.

—Over there.

—O.K. Thanks a lot.

We left the white gravel track and slid onto a black road. The car continued to move a short way through the mud. Then it skidded from side to side and came to a stop, vibrating as if it were being shaken.

We got out to look. The mud had gotten into everything. The car would go no further. We closed the doors. Now there were 14 kilometers ahead of us to Castillo de Teayo. That was our destination.

We walked. Seeking out the grassy patches with our feet we followed the trail, probing the clay; slipping and reeling like gray shadows in the gray fog.

The forest could be made out at our side. The tall ceibas, dismembered, just visible at times. The conacastes thrusting their roots toward the road. The otates. Growls of things. Tranquil palm leaf palapas, motionless under the weight of so many clouds. We could hear the croaking of the frogs and especially the shrieking of the crickets. Everything was full of that incessant noise and without silence. There at our side, dense, still dripping water, the Huasteca cloud forest... Fat, heavy waterdrops that fell and resounded like snapping branches. And no smell of earth. Just the vast, abundant, ancient green smell of the forest.

We walked rapidly westward, as if propelled by the night. The heat grew more intense. There was no air. The fog rose and fell, torn open in tenuous rents. Then it enveloped everything in darkness again. Like that for more than an hour. For more than two hours.

The people of Castillo de Teayo were asleep. It seemed a ghost town.

We sat down and waited for day, our feet aching with fatigue, curled up under an arcade, still hearing the nearby murmur of that somber sea of the Huasteca.

A little before dawn a norther began to blow. The fog set in and was swept away by the wind. When it grew light, clouds continued to pass by in torrents, closing off the horizon. And as the wind rose the mass of clouds grew taller and advanced slowly and heavily toward the mountains.

A pale yellow luster could now be seen in the east, sharpening the outlines of things. But to one side of the mountains the world was still gray, ever more gray and invisible.

Here, before our eyes, was the Castillo. Its shape was strange in this solitude still undisturbed by any sign of life. It was wrapped in the mist that rose like an exhalation from the humid earth and the damp moss-smoothed walls. And there was dew on the moss. That is what we saw.

The night had come to an end.

Then that man appeared, tall, thin, with his shirt open and his beard tossing in the wind. He stopped before us and began to speak:

—The gods came here to die. The standards were destroyed in the ancient wars and the standard bearers fell, noses broken and eyes sightless, buried in the mud. The grass grew over their backs and the pit viper made its nest in the hollow of their curled legs. There they are again, but without their standards, slaves again, guardians again, standing guard now over the wooden cross of Christianity. They look grave, their eyes dull and their jaws fallen, their mouths open in measureless clamor. Someone has sprinkled their bodies with lime, so they resemble the shrouded dead plucked from their tombs.

It is the man that speaks. We listen. That tall, long-limbed man, who seems full of fury.

—I'll take you to the stones —he says.

And we go with him. He goes ahead, we behind. We follow a creek bed of large well-weathered stones.

—The Castillo was built with these stones. They also served to make the images of the gods. Farther on we'll see how they used these sheets of stone to draw stories and make many other things that no longer exist.

That is what the man was saying to us.

Under the amates, on the brink of a ravine dense with vegetation, was the great stone. On its edges grew dark-green ferns, as in those places where the sun never penetrates. And on its face, slanted almost to the ground, there were some figures carved in relief. Perhaps a priest guiding his pilgrims, or maybe an army plumed with feathers going to its defeat.

—For where did these men go but to defeat? At times they were victorious. They were able to bear their victories down to the sea. But their steps were followed, dogged by the fate that awaited them at the end of everything, before the end of their lives.

"And here is the story, not to be understood, but to feel that they wanted to leave something imperishable at least".

—All right. Yes, all right —we said.

—This thing is not alone. There are many. Some have been taken away, but many still remain. They will remain forever. On these hills, on those ones, on those other ones there are many. We have dug some of them up and there they remain. Here you could say that in a few days they will be buried again, because the bush proliferates and grows from one day to the next, and fattens like an animal. I would take you to see them, were it not for the ticks. Let's go back.

Here is the Castillo again. The sunlight sparkles out of a clear sky on the walls and the weather-beaten steps.

There are some children playing on the platform. It's a fine day today. The last norther has passed and it will be a week before the bad weather returns.

Someone under the arcade is singing: "*Yo tenía mi cascabel...*" It reminds us we are in Veracruz.

But the man's voice, moving through time again, carries us back to the past:

—Look. There they are. They are the gods of the Huastecos. Look at the plumage fanned out on their heads. Look at their eyes. Huasteco eyes. They have no noses. They were cut off by the enemy. That was the sign of defeat. That goddess is called Centeocíhuatl; she is the goddess of germination and of rain. And that other one is also her. Perhaps they came together from different regions to die. Because they're dead. Don't you see? They're no more than stones now.

And he shows us a crouching idol that forms part of the enclosure of a corral.

—I would like to tell you the name of each one of them; of this one or that one, but I can't. No one knows what they are called. But they must have a name. If men have a name, all the more reason for the gods to have one. But I don't know them. That is Centeocíhuatl, that's all I know.

"I also know that the best of the Huastecos lived here. This Castillo was the center of their holy city. If you close your eyes you can imagine the great teocalli and the lesser temples scattered all over the valley. With the gods they worshipped up there, sacrificed now. This secret place was discovered by the advance guards of the Mexicas, and its men subdued. But they conserved the gods, for they were fearful of the gods.

"Before that there had been wars. And the wars between the Huastecos and the Totonacos were long. Not bloody, but long. You might say they had lasted since eternity. At Tapamanchoco, there on the shore of the lagoon, is the graveyard of the fallen warriors. And at Tabuco by the sea, the funeral urns where the priests were cremated. All men and women had their place in this realm. Their place to live and to die.

"Tuxpan and Chicontepec, and Tihuatlán just here nearby, were overwhelmed many times by waves of Totonaco warriors. And Castillo de Teayo was isolated, defenseless, in their power. For the Huastecos often got drunk and that led to their ruin; they were no good for fighting anymore. But when time passed and the counter-attack came, the Totonacos fled into the forests of Papantla to hide. So they won back their village, but found the noses of their gods broken.

"All this came to an end when the Mexicas took Cempoala, there in the south, striking at the very heart of the Totonacos. And almost at once they fell upon Teayo, establishing a military colony here. Something like a wedge between two kingdoms, to divide them and finish them off more quickly.

"But it wasn't the Mexicas that left all this as it is. It wasn't them that killed the gods, pulling them down from their alters, breaking them into pieces and then scattering them like useless rubble. No, the Mexicas departed one day to defend their territory and never returned. Those who finished off the gods of Teayo were the ones called "civilized people", the ones who conquered these lands...

"Then there was time. Lack of faith. Because lack of faith is like lack of blood in the veins.

"So when our forefathers came to live here and brought us with them to settle this place, there was a great ceiba on top of the Castillo, not to speak of all the rest, because we're in the middle of the forest and the forest grows and advances continually, and fattens by the hour".

That is what the man said to us. And we listened to him sitting atop the Castillo de Teayo, under the bells, because now it's the church tower of the village.

You can see the entire valley from up here. The idols are below. Some leaning, others standing, some lying on the ground. It's mid-morning and the penetrating aroma of the wild spearmint rises up to us.

In the January 1952 issue of Mapa, *in addition to Rulfo's text and photographs of Metztitlán, there is a brief unsigned note on Castillo de Teayo, Veracruz, and some photos by Rulfo of the archaeological site. It is possible that the above text, whose typewritten original is signed with the pseudonym* Juan de la Cosa, *was also intended to appear in* Mapa.

Translated by Gregory Dechant

List of Photographs

Page

5	View of Fine Arts Palace from the Alameda.	70	House of the Storks in Puebla.
7	Street in Mexicaltzingo, State of Mexico.	71	Men on street in Puebla.
9	Church tower and stone cross.	72	Cathedral and Zócalo in Mexico City.
11	Totonaco idol.	73	Statue of El Caballito on Paseo de la Reforma.
12	Juan Rulfo in the open chapel at Tlalmanalco.	75	Country road.
16	Office building on Paseo de la Reforma.	76	Burning house.
21	Atrio gateway in Chimalhuacán Chalco.	77	Ruined house.
24	Tree-lined road.	78	Wall with perforations.
25	Doorway of church in Chimalhuacán Chalco.	79	Ruined houses.
32	Battlements of church in Tula.	80	Village street.
35	Battlements of church in Atlatlahucan.	81	Highland village and Popocatépetl.
36	Church in Tlayacapan.	83	Road, cactuses and church.
40	Cane cactuses in the region of Metztitlán.	84	Village and church of Atlatlahucan.
43	Double open chapel in Metztitlán.	85	Street in Taxco.
44	Vault of cloister walk in Metztitlán.	86	Country church and wooden fence.
46	Pyramid in Castillo de Teayo.	87	Street in Pátzcuaro.
49	Female figure in Castillo de Teayo.	88	View of Cholula.
50	Carved stone on road in Castillo de Teayo.	89	View of Zacatecas and the Cerro de la Bufa.
51	Sculpted relief in Castillo de Teayo.	90	View of Taxco.
52	Leaning figure in Castillo de Teayo.	91	Urban landscape and church tower.
59	Cemetery gateway in Janitzio.	93	Adobe wall in Guanajuato.
60	Stone façade.	94	Atrio in Tlaxcala.
61	Woman and children in Cholula.	95	Group of ahuehuete trees.
62	Church with open-air market.	96	Road with cactuses and village.
63	Church and open-air market.	97	Road in Mitla, Oaxaca.
64	Women at stone washbasins.	99	Atrial cross in Acolman.
65	Ruined bridge in Apulco.	100	Entrance to Sacromonte church and Popocatépetl.
66	Gateway to church and convento in Ozumba.	101	Atrial cross in Michoacán and Paricutín in eruption.
67	Gateway to church in Acatepec.		
69	Judas figures for Holy Saturday.		

103	Lower cloister walk of convento in Atlatlahucan.	138	Battlements of churches in Cholula.
104	Upper cloister walk of convento in Tepotzlán.	139	Fortified courtyard in Atlatlahucan.
105	Cloister walk of convento.	140	Battlements of church in Tepeaca.
106	Upper cloister walk of convento in Cuitzeo.	141	Battlements of church in Yecapixtla.
107	Conventual courtyard.	142	Fortified apse of church in Yanhuitlán.
108	Capital of pillar in main courtyard of Acolman.	143	Fortified apse in Acolman.
109	Base of pillar in main courtyard of Acolman.	145	Ruins of church in Tecali.
111	Door with bosses.	146	Vault in ruins.
112	Dome of chapel in Tepotzotlán.	147	Church in ruins.
113	Lantern lights and vault.	148	Church in ruins.
115	Vertical sculpture and slanted horizon.	149	Nave of church in ruins.
116	Regional Museum of Guadalajara.	150	Arches and church tower.
117	Sculpture on pinnacle of façade.	151	Church tower in Yecapixtla.
119	Ocotlán Sanctuary, Tlaxcala.	153	Eruption of Paricutín and church in Parangaricutiro.
120	Church in Epazoyucan.	154	Chapels in Atlatlahucan.
121	Façade of church in Metztitlán.	155	Atrio gateway in Atlatlahucan.
122	Church tower in Actopan.	156	North doorway of church in Xochimilco.
123	*Posa* chapel in Calpan.	157	Church in Tecali.
125	Battlements of convento in Actopan.	159	Palace of the Columns in Mitla.
126	Corner of church with buttress and dome.	160	Pyramid in Tenayuca.
127	Church and cactus.	161	Pyramidal basement in Monte Albán.
128	Church doorway and scaffolding.	163	Hall of the Columns in Mitla.
129	Atrio gateway in Tulpetlac.	164	Pyramid in Cempoala, Veracruz.
131	Church and convento in Xochimilco.	165	Pyramid in Xochicalco.
132	Country church.	166	Anthropomorphic column of temple of Tlahuizcalpantecuhtli in Tula.
133	Road and village.	167	Female figure in Castillo de Teayo.
134	View of Monterrey.	168	Temple of Tlahuizcalpantecuhtli in Tula.
135	Pyramid in Cholula.	169	Chac-mool in Tula.
137	Atrio gateway in Yecapixtla.	175	Atrio gateway.